Günter Knoblauch (Hg.)

Zwischen Humor und Repression
Das Kompendium

AF281593

Die vorliegende Publikationsreihe knüpft an das Projekt ‚*Studieren in der DDR*' an, das 2014 mit Unterstützung der Bundesstiftung zur Aufarbeitung der SED-Diktatur und unter der Trägerschaft der Stiftung Leben und Arbeit Wilsdruff 2014 durchgeführt wurde. Die Ergebnisse wurden 2017 im Mitteldeutschen Verlag unter dem Titel ‚Zwischen Humor und Repression – Studieren in der DDR' veröffentlicht.

Möglich wurde diese Publikation durch die Unterstützung zahlreicher Förderer, von denen hier stellvertretend einige genannt seien: Dr. Matthias Rößler, Landtagspräsident des Freistaates Sachsen (2009 – 2024), Lutz Rathenow, Sächsischer Landesbeauftragter zur Aufarbeitung der SED-Diktatur (2011–2021), Christian Dietrich, Landesbeauftragter des Freistaates Thüringen zur Aufarbeitung der SED-Diktatur (2013–2018), sowie die Staatskanzlei Thüringen unter dem Ministerpräsidenten Lutz Ramelow.

Fotos der Umschlag-Collage
BStU-Archiv, Günter Herrmann, Hans-Hendrik Grimmling, Heinz Clemens

Günter Knoblauch (Hg.)

Zwischen Humor und Repression

Eine Anthologie in drei Bänden

Band 3

Das Kompendium

zu Band 1 und Band 2 der Buchreihe

Dieser Band stellt eine didaktische Sammlung bereit, die Materialien, Anregungen und Hinweise für den Umgang mit den Beiträgen der Autoren von Band 1 „Aufbruch und Illusion" und Band 2 „Anpassung und Widerständigkeit" enthält.

Impressum

Bibliografische Information der Deutschen Nationalbibliothek: Die Deutsche Nationalbibliothek verzeichnet diese Publikation in der Deutschen Nationalbibliografie; detaillierte bibliografische Daten sind im Internet über http://dnb.dnb.de abrufbar.

Günter Knoblauch
D-82061 Neuried; www.knobi-muc.de

Verlag: BoD · Books on Demand GmbH, In de Tarpen 42, 22848 Norderstedt, bod@bod.de
Druck: Libri Plureos GmbH, Friedensallee 273, 22763 Hamburg

ISBN: 978-3-7693-5595-6

Die Bände der Buchreihe **Zwischen Humor und Repression** tragen
folgende Untertitel:

Band 1 **Aufbruch und Illusion**
Band 2 **Anpassung und Widerständigkeit**
Band 3 **Das Kompendium**

Inhaltsverzeichnis

Zwischen Humor und Repression

Eine Einführung zu Band „Das Kompendium"

Die Buchausgabe von 2017 enthielt neben den Autorenbeiträgen auch Kommentierungen, die Lesern ohne tiefere Vorkenntnisse eine bessere Einordnung ermöglichen sollten. Ergänzend wurden im Anhang weiterführende Dokumente und Informationen zu zentralen Begriffen und historischen Hintergründen bereitgestellt sowie didaktische Hinweise für die Arbeit mit den Beiträgen der Autoren – insbesondere für Lesungen, etwa auf der Leipziger Buchmesse 2017, oder für Lehrkräfte und Interessierte im Bildungsbereich, die sich mit der DDR-Geschichte befassen.

Im Zuge der Neuauflage des Gesamtwerkes wurde dieses ergänzende Material nun in einem eigenen Band, „Das Kompendium", zusammengeführt.

Der Band „Das Kompendium" ergänzt die Autorenberichte aus Band 1 *Aufbruch und Illusion* und Band 2 *Anpassung und Widerständigkeit* durch didaktische Hilfestellungen, Kommentare und thematische Beiträge. Sein Ziel ist es, die Inhalte für eine breitere Leserschaft – insbesondere für Lehrkräfte und Leser ohne tiefere fachliche Vorkenntnisse über die in den Beiträgen erwähnten DDR-spezifischen Begriffe und Konzepte – verständlich und praxisnah aufzubereiten.

Zu den behandelten Themen ist eine umfangreiche Fachliteratur entstanden. Viele von Beruf gelegentlich mit zeitgeschichtlichen Themen Verbundene und Interessierte möchten oft nur eine kompakte, mit Beispielen verknüpfte Einführung, die sich leicht vermitteln und weitergeben lässt.

Deshalb ist das Ziel des Kompendiums nicht eine tiefgehende wissenschaftliche Analyse, sondern die Bereitstellung kurzer, aber wesentlicher Informationen, die die Thematik und die verwendeten Begriffe anhand konkreter, realer Schilderungen aus den Autorenberichten greifbar machen.

Mit dem Kompendium wird in Verbindung mit den Bänden *„Aufbruch und Illusion"* und *„Anpassung und Widerständigkeit"* ein direkter Zugang zur

Thematik ermöglicht, der sowohl im Unterricht als auch in Diskussionen genutzt werden kann.

Zielgruppen und Einsatzmöglichkeiten

Die didaktischen Materialien, erarbeitet von Birgit Scholz, wurden gezielt für folgende Zielgruppen konzipiert:

- Schülerinnen und Schüler der Sekundarstufe II
- Studierende, die sich mit den Studienbedingungen sowie den Möglichkeiten und Einschränkungen der studentischen Generation in der DDR auseinandersetzen oder darüber informieren möchten

Auch für Projektwochen oder Klassenreisen ist der Einsatz denkbar, da solche Formate mehr Raum für eine vertiefte Auseinandersetzung mit der Thematik bieten.

Reflexion und Neubewertung eigener Erfahrungen

Darüber hinaus könnte dieser Band auch für die Autoren selbst von Interesse sein. Die didaktischen Ansätze laden dazu ein, eigene Erlebnisse nach vielen Jahren kritisch zu reflektieren und neu zu bewerten.

Dabei könnten Fragen entstehen wie:
- „Was ist mir damals entgangen?"
- „Wofür bin ich heute noch dankbar?"

Diese Reflexion kann verdeutlichen, wie der Staat – insbesondere durch Institutionen wie die FDJ, die SED und die weitgehend unsichtbare Stasi – viele Lebensläufe maßgeblich prägte. Die Erkenntnis, dass viele ähnliche Erfahrungen gemacht haben, kann ein wesentlicher Teil dieses Reflexionsprozesses sein.

Günter Knoblauch, Neuried im März 2025

Was sagt der Titel „Zwischen Humor und Repression"?

„Zwischen Humor und Repression" beschreibt das Spannungsfeld zwischen Anpassung und Widerstand – besonders in einem autoritären oder restriktiven Umfeld. Der Titel suggeriert, dass Menschen trotz politischer Kontrolle und Unterdrückung Wege fanden, mit schwierigen Bedingungen umzugehen: sei es durch Ironie, Sarkasmus, Anpassung oder unterschwelligen Protest.

Bereits bei der Erstauflage haben wir intensiv über den Titel der Buchreihe diskutiert. *„Studieren in der DDR"* erschien uns zu einfach, zu neutral – fast nichtssagend. Nein, das passte keineswegs zu den Beiträgen, die uns die Autorinnen und Autoren geschickt hatten.

Und so bleibt es dem Leser überlassen, sich selbst ein Bild von den möglichen Deutungen des Titels zu machen. Jede dieser Facetten wird sich in den Beiträgen wiederfinden.

1. **Studium in der DDR**
    o   Studenten und Lehrende standen unter politischer Kontrolle, doch im Unialltag gab es Nischen für Kreativität, Witz und kleinen Widerstand.
    o   Hinter vorgehaltener Hand wurden Regimekritik und Unmut oft mit Humor verarbeitet.

2. **Leben in einem repressiven System**
    o   Menschen entwickelten kreative Strategien, um sich Freiräume zu schaffen, sei es durch **subversiven Humor, Satire oder doppeldeutige Äußerungen**.
    o   Humor konnte eine Überlebensstrategie sein, um sich mit der Realität zu arrangieren oder sie erträglicher zu machen.

3. **Ambivalenz der Erfahrung**
    o   Der Titel könnte andeuten, dass das Leben in einem diktatorischen System nicht nur aus Repression bestand, sondern dass es auch Momente des Zusammenhalts, der Heiterkeit oder absurder Situationen gab.

- Diese Dualität zeigt, dass nicht alles schwarz-weiß war: Manche fanden sich mit dem System ab, andere gingen ins Risiko.

"Zwischen Humor und Repression" beschreibt die **Gegenpole eines Lebens in einem autoritären System** – zwischen erzwungener Anpassung, subtilem Protest und den Möglichkeiten, durch Humor Distanz zu schaffen oder Missstände aufzuzeigen.

Zitate und Gedanken aus Beiträgen und Gesprächen

Roland Mey: „Wenn die heutige Jugend das alles nicht erleben will, dann sollte sie ihr gesellschaftspolitisches Bewusstsein für Demokratie im Spiegel der Diktatur schärfen, damit daraus die Bereitschaft genährt wird, sich gegen jegliche Diktatur zur Wehr zu setzen."

Joachim Heinrich: „Es ist leichter, – auch anekdotisch – vom Leben in der DDR zu schreiben, wenn man sich einem der beiden Lager, „Dafür" oder „Dagegen", zuordnet."

H.J. Wallmann: „Das Zukunft nur so gut gestaltet werden kann, wie Vergangenheit bewusst gemacht und aufgearbeitet ist".

Matthias Lienert: „Anders als in Diktaturen oder totalitären Regimes ist uns heute die Freiheit gegeben, uns einzumischen und, wenn nötig, mit politischen Mitteln aufzubegehren, ohne persönliche Nachteile in Kauf zu nehmen oder gar die Freiheit zu verlieren. Vielleicht schöpfen nachfolgende Generationen auch aus der kritischen und differenzierten Aneignung des immer noch zu sehr verdrängten Erfahrungswissens aus dem verrückten 20. Jahrhundert die Kraft für Zweifel und Zivilcourage."

Günter Knoblauch: „Bist du nicht für uns, so bist du gegen uns; bist du gegen uns, so bist Du unser Feind – ein Dazwischen wird nicht geduldet!" Unter dieser Drohung standen die die Studierenden während ihres gesamten Studiums.

Prof. Dr. Jürgen Wenge, Thüringer Landeszeitung
„Wer die Zukunft meistern will, muss die Vergangenheit analysieren. Und wer die Aufarbeitung vergangener Jahrzehnte verweigert oder kaschierend realisiert, der wird auch die Probleme der Gegenwart nur noch vergrößern..."

Ullrich Otto: [Überlegungen, die DDR zu verlassen] „Wäge und entscheide! Aber bald werde ich vielleicht keine Wahl mehr haben, [...] ob wir dann nicht alle schon in der *Mausefalle* sitzen, und die Katze mit uns machen kann, was sie will?"

Rainer Jork: Demokratie ist ebenso wie die Freiheit beim Studium gleichermaßen Chance wie auch Verpflichtung. Mögen Studierende heute in diesem Bewusstsein ihre Zeit und ihr Studium mit Blick auf ihr späteres Leben und die globale Welt verantwortungsbewusst und engagiert nutzen.

Roland Mey: In meiner Generation bin ich in Ostdeutschland ein „Außenseiter", denn wer während der SED-Diktatur zur sehr kleinen Gruppe der vorsichtig Andershandelnden gehört hat, ist auch heute wieder in einer Minderheit. Das ist so, weil die übergroße Mehrheit der ehemals nur Andersdenkenden – wie sie gedacht haben, war auf den Dächern an den Antennen erkennbar – auf der Suche nach ihrem „reinen Gewissen" die DDR noch immer bis ins Groteske verklärt.

Joachim Schmiele: „Der Freiheitsfunke hatte in mir auf Dauer die Sehnsucht nach freier Rede und freiem Denken verstärkt. Dies sollte meinen zukünftigen Verhaltenskodex in der Diktatur bestimmen und war dann folgerichtig die Grundlage meines Antriebs, für die letzte frei gewählte Volkskammer zu kandidieren und in dieser mit brennendem Herzen für die deutsche Einheit zu arbeiten."

Joachim Klose: „Ein SED-Genosse fragte mich einmal, warum ich viele Sachen nicht einfach mitmachen könne. Darauf fragte ich ihn: „Warum schreiten Sie nicht ein, wenn Sie offensichtlich Benachteiligungen anderer wahrnehmen?""

Prof. Kurt Reinschke, TU Dresden
„Keiner möchte an die eigene Bevormundung und das eigene *knechtige* Verhalten erinnert werden".
Diese Worte beschreiben die psychologische Abwehrhaltung vieler Zeitzeugen, ihre Erlebnisse schriftlich festzuhalten – ein Schutzmechanismus, der das emotionale Wohlbefinden bewahren soll.

***

Schüler wissen nur wenig über die DDR

Berlin (ap/dpa; 30.01.2019) –

„[...] Keine Ahnung vom Mauerbau, eine teils positive Bewertung der Stasi - das Wissen deutscher Schüler über die DDR ist auffällig gering. Von 5200 befragten Schülern aus vier Bundesländern wusste die Mehrheit beispielsweise auch nicht, ob die DDR durch demokratische Wahlen legitimiert war. Dies geht aus einer Studie hervor, die am Freitag von Forschern der Freien Universität Berlin vorgestellt wurde. Verantwortlich für die Bildungsmisere ist demnach vor allem der mangelhafte Unterricht in den Schulen.

[...] So wissen Gymnasiasten in Brandenburg weniger über die DDR als bayerische Hauptschüler, wie die Autoren Monika Deutz-Schroeder und Klaus Schroeder vom Forschungsverbund SED-Staat herausfanden. Befragt wurden Schüler in Bayern, Berlin, Brandenburg und Nordrhein-Westfalen. Die Mehrzahl der Schüler war zum Zeitpunkt der Befragung 16 oder 17 Jahre alt."

Aus dem Bericht des ZdF 22/2007, Seite 173/174:

„[...] die Fragen zum Komplex „Schule und Alltag": Eine knappe absolute Mehrheit sprach sich gegen die Gestaltung von Schule und Alltag in der DDR aus. Etwa dreimal so viele Ost- wie West-Berliner Schüler präferierten aber im Nachhinein das DDR-Modell. Die immer noch leicht positive Beurteilung durch viele Schüler verdankt die DDR der falschen Annahme, das Schulsystem in der DDR sei durchlässiger als das in der Bundesrepublik gewesen, und es hätten dort mehr Schüler als in der Bundesrepublik Abitur machen und studieren können. Woher diese Annahme stammt, konnte auch durch die Gespräche nicht eindeutig geklärt werden. Einige Schüler hatten gehört, in der DDR seien Arbeiterkinder besonders gefördert worden. Hieraus schlossen sie auf einen höheren Anteil an Abiturienten und Studierenden. Die Tatsache, daß in den achtziger Jahren der Anteil der Arbeiterkinder unter Abiturienten der DDR niedriger war als in der Bundesrepublik und die Quote der Studierenden ebenfalls deutlich geringer ausfiel, war nahezu allen Schülern unbekannt. Auch in Nordrhein-Westfalen möchte nur eine kleine Gruppe,

unter ihnen erstaunlich viele Ausländer, so leben wie in der DDR. Dabei führt vor allem die irrige Annahme, in der DDR hätte allein die Leistung den Schul- und Studienerfolg garantiert, zu dieser Einstellung. Eine breite Zwei-drittelmehrheit jedoch möchte mit diesen Verhältnissen nichts zu tun haben. "

✻✻✻

Es gibt weitere Studien wie zum Beispiel von der Bundesstiftung zur Aufar-beitung der SED-Diktatur. Die Ansätze sind – je nach Auftraggeber oder Aus-führendem - teilweise unterschiedlich und somit auch die Ergebnisse nicht direkt vergleichbar. Ein Satz jedoch im Bericht der ZdF 22/2007 (Zeitschrift des Forschungsverbundes SED-Staat an der FU Berlin) ist bemerkenswert und wichtig:

„Im Gegensatz zu uns wurden die Befragungen von den Wissenschaftlern vor Ort nicht selbst durchgeführt, sondern den Schulen bzw. den Lehrern die Fragebögen per Post geschickt, die diese nach dem Ausfüllen ebenfalls per Post zurückschickten. Angesichts der Neigung einiger Lehrer, vor allem in Ostdeutschland, Schülerbefragungen als Abfragen von Wissen und als Leis-tungskontrollen der Lehrer zu verstehen, halten wir ein derartiges Vorgehen für äußerst problematisch. "

✻✻✻

Der Zeitzeuge als "Feind" des Historikers

Dieser und der folgende Beitrag sind bereits in Band 2 enthalten und wurden hier zur Erinnerung und erneuten Reflexion aufgenommen. Immer wieder wird versucht, den Wert von Zeitzeugen infrage zu stellen. Um dem entgegenzuwirken, sind sie hier nochmals bewusst zur gedanklichen Auseinandersetzung platziert.

Im Vorfeld des Projektes wurde intensiv darüber diskutiert, wie Zeitzeugen selbst mit ihrer Vergangenheit umgehen. Es gab Bedenken, dass Wahrnehmungen und Ereignisse subjektive empfunden und dadurch unterschiedlich bewertet werden könnten. Dadurch, so die Befürchtung, könnten diese Schilderungen möglicherweise nicht ausreichend nah an der *„Wahrheit"* der Historiker liegen.

Man könnte jedoch auch argumentieren, dass Historiker historische Entwicklungen oft in Dimensionen beschreiben, in denen das Einzelschicksal lediglich als statistischer Wert unter vielen erscheint. Viele Betroffene finden sich in solchen Darstellungen nicht wieder.

Professor Hermann Kokenge, Altrektor der TU Dresden und Mitinitiator dieses Projektes, sprach nach dem Lesen der ersten Schilderungen von der Perfidie des Systems in der DDR.

Gerade persönliche Erlebnisse scheinen mir daher besser geeignet, Nostalgiebestrebungen und Geschichtsklitterungen entgegenzuwirken.

Ich bat Michael Mansion – er ist kein Historiker – um seine Sicht auf eine mögliche Diskussion über die Aussagekraft von Zeitzeugenberichten zum Studium in der DDR.

Der Zeitzeuge als "Feind" des Historikers ?

Michael Mansion

Der Zeitzeuge als "Feind" des Historikers ist eine schöne Metapher, die nachdenklich stimmt.

Ich denke mal, dass jedwede Außenbeobachtung der DDR gleich welcher Couleur auch immer, zu Zeiten ihrer (noch) Existenz unvollständig war. Neben den zentralen Bruchlinien in dieser Gesellschaft, gab es den sogenannten Alltag als angepasste Überlebensstrategie, der nur für diejenigen nachvollziehbar ist, die dort gelebt haben.

Das wird auch aus vielen der Beiträge dieser Publikation ersichtlich. So beschreibt auch der Untertitel des zweiten Bandes „Anpassung und Widerständigkeit" diese Situation.

Unter Berücksichtigung einer Nachkriegssituation, in welcher auch durchaus konservative Liberale und Christen im Westen eine Vergesellschaftung der Banken und Schlüsselindustrien forderten, was aus ihren Programmen aus dieser Zeit noch ersichtlich ist, war die Absicht, einen antifaschistischen und sozialistischen Staat auf deutschem Boden (im Osten) zu errichten ein (aus meiner Sicht) im Prinzip nobles Vorhaben.

Und so ist es auch konsequent, dem ersten Band dieser Publikation den Untertitel „Aufbruch und Illusion" zu geben.

Es wird Historiker geben, die hier schon im Beginn das Ende gewusst haben wollen, aber da wäre ich vorsichtig. Zu beobachten war jedoch bei einiger Aufmerksamkeit eine zunehmende institutionalisierte und ideologische Enge, die einen gewissen Höhepunkt in der Zwangsemeritierung von Ernst Bloch im Jahre 1957 erfuhr.

Diesen und einige andere Facts konnte der (im Vergleich zu Honecker) durchaus klügere Ulbricht nicht mehr glattbügeln, zumal er durch den stets überfordert wirkenden Honecker abgelöst wurde.

Was auf keinen Fall gut gehen konnte, war die Erfüllung der Parole, den wesentlich besser ausgestatteten und vor allem auch international besser vernetzten Westen ökonomisch überholen zu wollen und dies unter der permanenten Prämisse, die besten gefertigten Produkte exportieren zu müssen, um dann mit dem Rest im eigenen Land einen Mythos am Leben zu erhalten.

Das war jedoch kein Spezifikum der DDR, wie man aus dem Beitrag von Uta Knoblauch bei der Weinernte in Bulgarien lesen kann: „Die guten Trauben sind für den Export in die Bundesrepublik." Oder wenn man über die Einsätze der Studenten bei der Einbringung der Ernte bei Wolfgang Friese nachliest und sieht, wie weit die offizielle Information über die „Erfolge durch die Kollektivierung" mit der Realität auseinanderliefen. Und wenn man sieht, wie der Staat bei Kritik zurückschlug.

Man könnte all dies als Banalität abtun, übersieht dabei jedoch die für die Betroffenen schwerwiegenden Konsequenzen: Exmatrikulation, ein Bewährungsjahr, der Verlust beruflicher Aufstiegschancen - um nur einige zu nennen. Ist in diesem Zusammenhang die Einordnung als „Subjektivität der Schilderung" gerechtfertigt? Ich meine: nein.

Ich räume ein, dass man all dies als sehr singuläre Betrachtungen sehen, werten und abtun könnte, insbesondere wenn man auf die „großen Themen und Zwänge" der ideologisch und wirtschaftlich komplexen Außenbeziehungen zur Sowjetunion und anderen Partnern verweist.

Dennoch zeigen die Beiträge der Erfurter Studenten, von Martina Pontius und Gabriele Stötzer und anderen, eindrucksvoll, wie weitreichend und tiefgreifend sich der Staat – gesetzeswidrig, wohlgemerkt - in die Belange von Kunst und Kultur im Bildungswesen einmischte. Ob die Entwicklung einer paranoiden politischen Kultur dabei zwangsläufig die Folge sein muss, bleibt eine äußerst spannende Frage

Das perfide Unrecht, dass vielen DDR-Bürgerinnen und -Bürgern angetan wurde, ist vor allem deshalb zu kritisieren, weil sich der Staat DDR (damit) durch den Bruch der in seiner Verfassung verankerten Rechte in ein Unrecht gesetzt hat. Es geschieht also nicht einfach nur Rechtsbruch durch ein

Fehlurteil, sondern es geschieht staatliches Unrecht, welches, da von ihm nicht revidiert, ihn selbst in ein Unrecht sich selbst gegenüber setzt. Damit ist er nicht Unrechtsstaat ad hoc im Sinne seiner Gründung, sondern er wird zu einem solchen.

Insoweit und als Warnung (auch) an den Staat, der solches Unrecht nicht wiederholen darf, sind alle persönlichen Schicksale von Wichtigkeit im Sinne ihrer individuellen Besonderheiten.

Anzumahnen ist die weiterhin und lt. Grundgesetz erforderlich (gewesene) Verfassungsdebatte nach der deutsch/deutschen Vereinigung zur Klärung der Rolle des Staates in der Demokratie.

Ich füge hinzu, dass der Schaden, der durch solche Rechtsbeugung (und damit Rechtsbrüche) vor allem auch in und durch die DDR entstanden ist, einen unseligen Schatten auf jede gedachte konkrete gesellschaftliche Utopie wirft, die sich damit zugleich für etwas verantworten soll, was man ihr als unvermeidlich in dem Sinne unterstellt, dass die Änderung eines Status Quo an sich schon den Rechtsbruch impliziert.

Die Aufarbeitung der Vergangenheit des Staates DDR, verlangt vor allem vor dem Hintergrund der Nachkriegs-Orientierung im Schatten der beiden großen Supermächte, sowohl historischen Respekt, so wie individuelle Sensibilität gegenüber den Lebensbiographien der DDR-Bürgerinnen und Bürger.

Michael Mansion, geb. 1943 in Weißenfels/Sachsen-Anhalt. Zahntechniker-Ausbildung, ab 1991 tätig im Kulturbereich Saarlouis (u. a. als SBS-Geschäftsführer). Früher Zugang zu Literatur und Musik, politisch geprägt durch KZ-Überlebende, den Marxismus und die Philosophie von Ernst Bloch. Heute freier Schriftsteller und mehrfacher Buchautor zu gesellschaftsrelevanten Themen. Mitarbeit bei Faktum und der Gesellschaft für wissenschaftliche Aufklärung und Menschenrechte (GAM).

**

Erfahrungen in der Vermittlung von DDR-Zeitgeschichte

Dieser Abschnitt sollte eigentlich Beiträge von Autorinnen und Autoren enthalten, die bereits Erfahrung in der Vermittlung historischer DDR-Themen im Unterricht, auf Seminaren oder in anderen Bildungsformaten gesammelt haben und diese weitergeben möchten.

Um Wissensträger zu finden, wurden Personen aber auch Gedenkstätten und Verbände angesprochen, da dort regelmäßig Informationsrunden und Zeitzeugengespräche stattfinden. So leitete der Bundesvorsitzende des Geschichtslehrerverbandes eine „Aufgabenbeschreibung" an die Landesverbände weiter, um Lehrkräfte anzusprechen, ihre Erfahrungen einzubringen. Die Reaktion auf alle die Anfragen zur Mitarbeit war unterschiedlich: von Interesse bis hin zu Skepsis, ob eine Umsetzung in der vorgeschlagenem Form überhaupt möglich sei. Häufig bestimmten die Veranstalter, Organisatoren und Referenten die inhaltliche Ausrichtung solcher Veranstaltungen. Damit war oft bereits festgelegt, welche Themen als besonders relevant und bildend für das jeweilige Publikum erachtet werden.
Doch im Verlauf solcher Veranstaltungen passiert es oft, dass das eigentlich vorgesehene Themenspektrum ausgeweitet wird. Die Einladung von Zeitzeugen kann einerseits zur Erhöhung der Authentizität beitragen, birgt jedoch auch die Gefahr - abhängig von der Moderation –, dass der Ablauf der Veranstaltung durch die Zeitzeugen und die Fragen der Teilnehmenden vom eigentlichen Kernthema abweicht. Dies macht diese Form anfällig für eine gewisse Zufälligkeit.
Gerade deshalb wären Erfahrungsberichte aus Veranstaltungen in Schulen, auf Seminaren und ähnlichen Formaten eine wertvolle Informationsquelle für das *Kompendium* gewesen. Leider konnte dieser Ansatz nicht realisiert werden.

Eine andere Struktur haben Themenabende, Diskussionsrunden und Vorträge vor einem älteren Zuhörerkreis. Hier können Organisatoren und Referenten einerseits auf großes Interesse, aber auch auf deutliche Ablehnung bis hin zu Hassreaktionen stoßen. Dies wurde es mir aus verschiedenen Quellen berichtet.

Bei den darüber Berichtenden handelt es sich um Personen die mit der Thematik von Berufs wegen befasst waren oder noch sind, wie Landesbeauftragte, Historiker oder bereits zu DDR-Zeiten bekannte Persönlichkeiten.

Ich verweise hier beispielhaft auf die Beiträge, Kommentare und Literatur zu Peter Rompf („Das Ende der katholischen Kirchenmusik") und H. Johannes Wallmanns („Spätbürgerlich-dekadent"). Während im ersten Fall 2024 eine vollständige Rehabilitation erfolgte, steht sie im zweiten Fall bis heute aus. Diese Beispiele verdeutlichen, wie emotional die Vorgänge aus der DDR-Zeit bis heute im Jahr 2025 in den Köpfen vieler Menschen verankert sind - sowohl bei denen, die sich nicht mehr mit den Ereignissen auseinandersetzen wollen, als auch jenen, die um das Renommee ihrer Institution fürchten.
Diese Haltung ist eine Fehleinschätzung, die den bereits entstandenen und weiterhin bestehenden Schadens in der zeitgeschichtlichen Aufarbeitung verkennt.

Doch wie sollte mit diesen Themen umgegangen werden? Ich greife zwei Veranstaltungen heraus, die möglicherweise als Optionen für den Umgang mit dem Material dienen könnten:

- Lesung auf der Leipziger Buchmesse 2017: Mehrere Autoren trugen im Wechselspiel Auszüge aus verschiedenen Beiträgen vor. Die thematischen Schwerpunkte waren im Vorfeld festgelegt. Diese wurden aus unterschiedlichen Perspektiven präsentiert.
- Gespielte Lesung durch die Alumni Gruppe der TU Dresden: Gemeinsam mit Studierenden wurde eine gespielte Lesung gestaltet. Auch hier konnten bestimmte Akzente im Vorfeld gesetzt werden.

Derartige Präsentationen arbeiten mit „authentischem Material" – der erlebten Zeit der Autoren, gespiegelt in deren eigenen Worten und Texten. Dies ist ein Vorteil gegenüber statistischen Angaben oder wissenschaftlichen Belegen, die von Kritikern leichter infrage gestellt werden können.
Eine hilfreiche Unterstützung für diese Formen der Darbietung sollte die *Übersicht über die Stichworte in der zeithistorischen Themenleiste* auf Seite 47 bieten.

***

Zeithistorische Begriffe erläutert

Zeithistorische Begriffe sind in Band 1 und ´Band 2 beitragsnah bei der erstmaligen Erwähnung eingefügt. Einige von ihnen sind ins Kompendium übernommen, wenn sie von besonderer Relevanz sind.

Erläuterung zeithistorisch - Vereidigung und Treueschwur
(Band 1)
Von 1959 bis 1961 lautete der Schwur: „Ich schwöre, meinem Vaterland, der Deutschen Demokratischen Republik, allzeit treu zu dienen, sie auf Befehl der Arbeiter- und Bauernregierung unter Einsatz meines Lebens gegen jeden Feind zu schützen, den militärischen Vorgesetzten unbedingten Gehorsam zu leisten, immer und überall die Ehre unserer Republik und ihrer Nationalen Volksarmee zu wahren."
Von 1962 bis 1989 galt ein Fahneneid.

Information zeithistorisch – Exmatrikulationen
(Band 1)
In einigen Beiträgen der Autorinnen und Autoren wird das Thema Exmatrikulation aufgegriffen. Statistische Daten zum Umfang von Exmatrikulationen an Hochschulen und Universitäten, die entweder aus fachlichen oder politischen Gründen erfolgten, konnten bisher nicht ermittelt werden.
Die „Vertrauliche Verschlusssache – MfS 008-Nr.63/68" lässt jedoch erahnen, welch erheblicher Druck an Bildungseinrichtungen ausgeübt wurde, um Personen, die als „feindlich" oder „nicht systemkonform" galten, auszugrenzen. Dabei darf der Anteil an Anschuldigungen aus niedrigen Beweggründen, wie Neid oder persönliche Konflikte, nicht unterschätzt werden.
Dieses Thema bedarf weiterhin einer umfassenden Aufarbeitung, um das volle Ausmaß der staatlichen Kontrolle und ihre Auswirkungen auf die akademische Freiheit sichtbar zu machen.

Information zeithistorisch - Prager Frühling
„Prager Frühling" nennt man den Versuch in der Tschechoslowakei, einen „Sozialismus mit menschlichem Antlitz" aufzubauen. Von der tschechischen kommunistischen Partei unter Alexander Dubcek wurde Anfang 1968 eine Politik der Liberalisierung und Demokratisierung eingeleitet. Durch die militärische Intervention von fünf Staaten des Warschauer Pakts im August 1968 wurde diese Politik beendet. Die Bevölkerung der DDR war dazu

aufgefordert, zur Beteiligung der DDR-Truppen an dieser Intervention ihre Solidarität zu bekunden.

Erläuterung zeithistorisch - „Partei neuen Typus" (Lenin)

Eigenbezeichnung kommunistischer Kaderparteien im leninschen Sinne mit der Verpflichtung auf die Ideologie des Marxismus nach dem Prinzip des Demokratischen Zentralismus. Ziel war die Errichtung einer „Diktatur des Proletariats". – Die verbindliche Festlegung von Begriffen war ein wesentlicher Bestandteil der Ideologiearbeit in Leitinstituten der kommunistischen bzw. sozialistischen Parteien in den sozialistischen Ländern. Es führt heute oft zu Missverständnissen, wenn dies nicht beachtet wird. So gab es auch ein spezielles Wörterbuch der Staatssicherheit in der DDR.

Erläuterung zeithistorisch - Bewährung

„Bewähren": Dies war eine üblich Formulierung in der DDR, wenn missliebige oder durch negative Äußerungen – im Sinne der staatlichen Doktrin – auffällig gewordene Schüler, Studenten oder auch ganz normale Bürger durch Ausgrenzung, Versetzung auf andere Stellen, Degradierung und anderes – also sowohl durch psychologischen Druck als auch durch ganz reale Bedrohungen in ihrer wirtschaftlichen Existenz – dazu gebracht werden sollten, sich (möglichst öffentlich) wieder dem politischem System zu „unterwerfen".

Erklärung zeithistorisch - Sender Jerewan

In der DDR – und wohl nicht nur dort– wurde der fiktive Sender „Jerewan" in der Bevölkerung im Zusammenhang mit meist politischen Witzen als virtueller Anfragepartner verstanden. Seine Antworten spiegelten Widersprüche und Absurditäten des „real existierenden Sozialismus" oder seiner Ideologie wider. In der Bundesrepublik begannen die Witze mit „Frage an Radio Eriwan ...". Die Antworten lauteten: „Im Prinzip ja, aber ...".

** Kommentar zeithistorisch **– Prager Frühling - die TU Dresden

Der Fall des Studenten Ziesecke zeigt deutlich anhand der Dokumente, wie die Universitätsleitung reagierte (Exmatrikulationsschreiben vom 2.4.1969) und wie sowohl seine Kommilitonen als auch der Professor der Sektion Verarbeitungstechnik, Tränkner, sich verhielten.

Auch an der TU Dresden gab es Persönlichkeiten, die trotz des erheblichen Drucks und Risikos standhaft blieben. Eine derartige Positionierung gegenüber dem Rektor, der SED-Leitung an der TU und der Staatsanwaltschaft brachte erhebliche Gefahren mit sich. Dies blieb der Stasi nicht verborgen.

Professor G. Tränkner wurde im Dezember 1970 vom Prorektor für Erziehung und Ausbildung ausdrücklich angewiesen, die Vordiplomzeugnisse den inzwischen in Westdeutschland lebenden ehemaligen Studenten Hellmund und Elle nicht zuzusenden. Herr Dr. Lienert, Leiter des Archivs der TU Dresden hat 2010 in seiner Dokumentation „Zwischen Widerstand und Repression" (Studentenakten Nr. 9859 und Nr.18.668) die Vorgänge ausführlich aufgearbeitet. Lienert schreibt unter anderem:

„Nicht alle Studenten unterstützten die Verurteilung und die Exmatrikulation. So vermerkte der Chef der Abteilung IX der Bezirksverwaltung des MfS, Major Simon, dass seine Abteilung ‚operativ'(Anm. d. Hg.: Gemeint ist durch IM, also „Spitzel" des MfS) in Erfahrung gebracht hatte, dass Peter Ziesecke einen Mitstudenten aufgefordert habe, eine Sammlung von Unterschriften mit dem Ziel der Freilassung der verurteilten Kommilitonen zu erreichen. Außerdem sei Peter Ziesecke der Auffassung, ‚dass viele Studenten über die Hilfsmaßnahmen der 5 sozialistischen Länder vom 21.8.1968 in der ČSSR die gleiche feindliche Auffassung wie er vertreten' (BStU-Unterlagen, Außenstelle Dresden, Peter Ziesecke, Blatt 189). Ausdrücklich forderte Major Simon die Abteilung XX der Bezirksverwaltung des MfS auf, durch eine ‚operative Auswertung' die Unterschriftensammlung zu unterbinden." [1]

Weitere Schilderungen mit Dokumenten in Band 1

** Kommentar zeithistorisch ** - Studentinnen in der DDR

In unserer Studienzeit sprachen wir von Jungs und Mädchen (auch diese selbst!). Einerseits waren die weiblichen Partner/Kollegen in der DDR formal und mental gleichberechtigt (sowohl im Studium als auch im Betrieb). Andererseits waren natürlich die Spitzenfunktionen in der Regel von Männern besetzt. Ich hatte im Betrieb als Hauptabteilungsleiter etwa 40 Prozent Mitarbeiterinnen, die in gleicher Höhe bezahlt wurden wie die Männer in dieser Tätigkeit. Insofern kommen sicher nicht nur mir die verbalen Verweiblichungsrituale heute einigermaßen lächerlich vor, weil sie doch nur relativ abstrakt (also ohne die notwendige praktische Akzeptanz und Umsetzung) gehandhabt werden. Die Kommilitoninnen schlossen eben damals auch das Studium in der Regel wie alle mit 25 Jahren mit dem Diplom ab! Heute studiert man ja in der Regel durchschnittlich etwa 4 Jahre länger und hat die „Mädchenzeit" lange hinter sich gelassen. Im Betrieb gab es übrigens das „Frauensonderstudium" für die Kolleginnen, und es gab besondere Förderungen dafür.   (R. Jork)

---

[1] Zit. n. Matthias Lienert, Zwischen Widerstand und Repression. Studenten der TU Dresden 1946–1989; Seiten 186 ff, Köln: Böhlau 2011.

** Kommentar zeithistorisch ** - Wolfgang Leonhard

Wolfgang Leonhard gehörte zu jenen zehn kommunistischen Funktionären, die unter Führung Walter Ulbrichts im April 1945 aus Moskau nach Deutschland entsandt wurden. Er kehrte als überzeugter kommunistischer Funktionär nach Berlin zurück. In zunehmender Diskrepanz zur KPD/SED-Politik floh er 1949 zunächst nach Jugoslawien, 1950 in die Bundesrepublik. 1955 veröffentlichte er das Buch „Die Revolution entlässt ihre Kinder" über diese Erfahrungen.

Der Besitz dieses Buches war in der DDR ein Sraftatbestand. Strafrechtlich kam hier das „Strafrechtsergänzungsgesetz" (StEG) vom 11.12.1957 zur Anwendung: Staatsgefährdende Propaganda und Hetze und Staatsverleumdung (§§ 19, 20). Das konnte Haftstrafen bis zu mehreren Jahren nach sich ziehen. Die Weitergabe des Buches unter Studenten wäre ein Grund für die Exmatrikulation gewesen. Das MfS betrieb großen Aufwand wie Hausdurchsuchungen, Zeugenladungen und Gegenüberstellungen sowie Anwendung psychischer Druckmittel, um dieses Buches habhaft zu werden. Im vorliegenden Fall ohne Erfolg.

***

Hinweis: Die hier – und auch und den beiden Bänden - eingeschobenen zeithistorischen Erläuterungen und Kommentare als auch die Themenbeiträge sind als beitragsnahe Kurzinformation zu verstehen. Sie dienen der ersten Orientierung und das jeweilige Thema nicht vollständig abdecken oder abschließend klären.

Zeithistorische Kommentare und Themenbeiträge

Einige der von den Autorinnen und Autoren als prägend geschilderten Themen sind zu komplex, um sie in einer kurzen Anmerkung oder Fußnote angemessen zu erklären. Hinzu kommt, dass Definitionen je nach herangezogener Quelle und Perspektive variieren können, wie etwa beim Begriff der „Arbeiter-und-Bauern-Fakultäten".

Die Erläuterungen wurden in Form von Kommentaren oft in und an die jeweiligen Beiträge angefügt. Die verwendeten Begriffe unterscheiden sich in Nuancen, die auf die Art und den Umfang der vermittelten Information hinweisen:

1. Kommentar zeithistorisch: Ein Kommentar ist subjektiver als die anderen Begriffe. Er enthält oft eine Interpretation oder Meinung zum zeithistorischen Ereignis oder Thema. Ein solcher Kommentar setzt sich kritisch oder analytisch mit einem historischen Ereignis auseinander und geht über die bloße Darstellung von Fakten hinaus.

2. Erläuterung zeithistorisch: Eine Erläuterung geht tiefer als eine Information und erklärt einen historischen Sachverhalt umfassender. Hier wird nicht nur ein Fakt dargestellt, sondern auch dessen Bedeutung und Zusammenhänge erläutert. Der Leser soll den historischen Kontext besser verstehen.

3. Information zeithistorisch: Der Begriff „Information" weist darauf hin, dass es sich um Fakten oder Wissenseinheiten handelt, die neutral präsentiert werden. Eine „zeithistorische Information" könnte also ein konkretes Datum, Ereignis oder eine Tatsache aus einer bestimmten historischen Epoche sein, ohne weitere Interpretation oder Wertung.

4. Anmerkung zeithistorisch: Eine Anmerkung ist in der Regel kurz und ergänzend. Sie liefert eine zusätzliche Erklärung oder einen Hinweis zu einem spezifischen Punkt im Text, ohne jedoch ausführliche Details zu bieten. Der Fokus liegt darauf, den Zusammenhang kurz zu klären oder Kontext zu bieten.

Fazit: Die Begriffe unterscheiden sich in der Tiefe und Subjektivität der vermittelten Inhalte. Eine „Anmerkung" ist kurz und ergänzend, eine „Information" bietet sachliche Fakten, eine „Erläuterung" erklärt diese Fakten detaillierter, und ein „Kommentar" interpretiert oder bewertet die historischen Ereignisse.

Kommentare zeithistorisch

fassen zentrale Themen der Studienzeit zusammen und sollen Recherchen erleichtern. Sie haben die Titel und liegen zum Beispiel vor für:

- Kollektivierung der Landwirtschaft in der DDR; Band 1)
- Das Schulsystem in der DDR; Band 3
- Die Arbeiter-und-Bauern-Fakultäten; Band 1/255
- Auslandsstudium - Band 1/287; Band 3
- Studium und Wehrdienst; Band 1/343
- Anwerbung von Informellen Mitarbeitern (IM); Band 2
- Wie das MfS zu seinen Informationen kam – IM-Berichte sammeln; Band 2/56
- Das Manifest der 2000 Worte /Prager Frühling); Band 2/76
- Asoziale Lebensweise in der DDR; Band 2/128
- Enteignung der Dresdner Kunsthändler; Band 2/129
- Informationsquellen des MfS; Band 2/228
- Studentischer Protest an der PH Erfurt; Band 2/292
- Fachkommission Wissenschaft und Bildung; Band 2/323
- Hochschulreform von 1968; Band 2/323
- Prorektor Turski (NS-Vergangenheit); Band 142
- Betreuungsnotstand (Dozenten flüchten in den Westen); Band 1/62
- Gesellschaft für Sport und Technik; Band 1/126
- Reisen im Ostblock; Band 1/153
- Kollektivierung der Landwirtschaft; Band 1/222
- Prager Frühling; Band 1/300
- Das Buch „Die Revolution entlässt ihre Kinder"; Band 1/307; Band 3
- Wehrdienst – Verweigerer; Band 1/313

Einige Kommentare zeithistorisch wurden zusätzlich in Band 3 übernommen, um einen schnellen Zugriff zu ermöglichen.

Themenbeiträge – Aufgabe in der Publikation

Einige Themen wurden als besonders charakteristisch und relevant angesehen und daher als eigenständige Beiträge in die Dokumentation aufgenommen, um ein besseres Verständnis der Zeit zu vermitteln.
Ein Beispiel ist das Thema *Studentische Kultur*:
Das kulturelle Leben der Studierenden findet in vielen Beiträgen Erwähnung. Der entsprechende Themenbeitrag gibt einen Einblick in diese Welt, einschließlich politischer Witze, Lieder und weiterer kultureller Aspekte, die den Alltag der Studierenden prägten.

Weitere Themenbeiträge in den Bänden:
- *Das Schulsystem in der DDR; Band 3*
- *Auslandsstudium; Band 1/287*
- *Der „politische Student"; Band 1/290*
- *Die Arbeiter-und-Bauern-Fakultäten; Band 1/255; Band 3 Auszug*
- *Studium und Wehrdienst; Band 1/343*
- *Wie das MfS zu seinen Informationen kam; Band 1/347; Band 3*
- *Der Modrow-Erlass, Band 2/325; Band 3*
- *Die Objektdienststelle des MfS an der TU Dresden; Band 1/350*
- *Das Schulsystem in der DDR in den 60er-Jahren; Band 3*

Einige Themenbeiträge wurden ganz oder in Auszügen zusätzlich in Band 3 aufgenommen, um einen schnellen Zugriff zu ermöglichen.

***

Themenbeitrag – Das Schulsystem in der DDR in den 60er-Jahren

Das Schulsystem der DDR in den 1960er Jahren war zentralisiert, einheitlich organisiert und zielte darauf ab die sozialistische Ideologie durchzusetzen. Basis war das „Gesetz über die sozialistische Entwicklung des Schulwesens" von 1959. Die Schüler sollten auf ein Leben im Sozialismus vorbereitet werden. Die in der Praxis eingesetzten Methoden zur Durchsetzung dieser Vorgaben waren oft prägend für spätere Einstellungen der Betroffenen gegenüber der DDR.

Polytechnische Oberschule (POS)

- **Zentrale Schulform:** Alle Kinder wurden mit sechs Jahren eingeschult und durchliefen eine zehnjährige Schulpflicht in der POS.

- **Praxisbezug:** Neben allgemeinen Fächern wurde ein starker Fokus auf polytechnischen Unterricht gelegt, um praktische Fähigkeiten zu fördern und die Kinder mit der Arbeitswelt vertraut zu machen.

Erweiterte Oberschule (EOS)
- Schüler mit hervorragenden Leistungen und oft nach politischen Gesichtspunkten ausgewählt konnten nach der POS die EOS besuchen, die zum Abitur führte.

- Dauer: Zwei Jahre (11. und 12. Klasse). Abiturienten bildeten nur einen kleinen Anteil eines Jahrgangs (ca. 10–12 %).

Weitere Bildungseinrichtungen

- **Berufsausbildung:** Schüler, die die POS abschlossen, ohne zur EOS zu wechseln, konnten eine Berufsausbildung beginnen, oft kombiniert mit praxisbezogenen Lerninhalten.

Hochschulsystem
- Zugang hauptsächlich über das Abitur (EOS) oder die Berufsausbildung mit Abitur.

- Hochschulen waren eng an die Bedürfnisse der Planwirtschaft an-gepasst:
  Schwerpunkte auf technischen, naturwissenschaftlichen und wirt-schaftlichen Studiengängen.

- Politische Eignung (z. B. Mitgliedschaft in der FDJ) spielte eine Rolle bei der Zulassung.

Ideologische Prägung des Bildungssystem

Marxismus-Leninismus als Grundlage:
Ideologie war ein wesentlicher Bestandteil des Unterrichts in allen Fächern, besonders in Geschichte und Staatsbürgerkunde.

Einfluss der FDJ (Freie Deutsche Jugend):
Politische Organisation, die eng mit dem Bildungssystem verflochten war. Viele schulische Aktivitäten wurden durch die FDJ organisiert.

Militärische Ausbildung:
In den höheren Klassen (ab Klasse 9) wurde Wehrunterricht eingeführt, um die Schüler auf die Verteidigung der DDR vorzubereiten.

Das Schulsystem war darauf ausgelegt, Gleichheit zu gewährleisten, jedoch unterlag es starker staatlicher Kontrolle, die politische Loyalität förderte und oppositionelle Einstellungen sanktionierte

***

Themenbeitrag - Auslandsstudium

Heutige Möglichkeiten für Schüler und Studierende

Heutige Schüler und Studierende betrachten es als selbstverständlich, ein oder mehrere Semester im Ausland zu verbringen, um zu studieren und die Sprachen zu lernen. Ihnen stehen zahlreiche Programme und finanzielle Unterstützungsmöglichkeiten offen. Zu den gängigen Optionen gehören:

- Schüleraustauschprogramme: Organisationen wie Youth for Understanding (YFU) oder Rotary International ermöglichen Schülern zwischen 14 und 18 Jahren den kulturellen Austausch.
- Freiwilligendienste: Ein freiwilliges soziales oder ökologisches Jahr bietet die Möglichkeit, Auslandserfahrungen zu sammeln und gleichzeitig aktiv mitzuwirken.
- Hochschulpartnerschaften: Bilaterale Abkommen zwischen Universitäten bieten von Semesterstudien bis hin zum Vollstudium eine breite Palette an Möglichkeiten – oft ohne Studiengebühren im Gastland.
- Förderprogramme: Institutionen wie der Deutsche Akademische Austauschdienst (DAAD) oder Stiftungen unterstützen begabte Studierende mit Stipendien.
- Eigeninitiative: Direkte Bewerbungen an internationalen Universitäten oder für Praktika ermöglichen individuellen Zugang zu globalen Bildungschancen.

In den 1980er Jahren lag die Zahl der international Studierenden weltweit bei etwa 1 Million – ein deutliches Wachstum im Vergleich zu früheren Jahrzehnten.

Reglementierte Auslandsstudien in der DDR

Im Gegensatz zu den heutigen Möglichkeiten war das Auslandsstudium in der DDR streng reglementiert. Schüler und Studierende konnten nicht frei entscheiden, ob oder wo sie im Ausland studieren wollten. Es bedurfte grundsätzlich einer sogenannten **Delegierung**, die stark von der Erfüllung politisch-ideologischer Anforderungen durch die *Auslandsaspiranten* als auch von den wirtschaftlichen Möglichkeiten und Prioritäten der DDR abhing.

Ein Auslandsstudium stand nur einem ausgewählten Personenkreis unter ganz spezifischen Bedingungen offen.

Zugang und Einschränkungen

1. **Beschränkung auf Ostblockländer:**
   - Die meisten Auslandsstudienplätze waren in sozialistischen „Bruderstaaten" wie der Sowjetunion, Polen, Ungarn oder der Tschechoslowakei verfügbar.
   - Studienplätze im Westen waren extrem selten und nur in strategischen Ausnahmefällen möglich (z. B. für Diplomatenkader oder spezialisierte Fachrichtungen).

2. **Zulassungskriterien:**
   - Politische Linientreue und soziale Herkunft (z. B. aus der Arbeiterklasse) spielten eine entscheidende Rolle.
   - Studienplätze wurden im Rahmen bilateraler Abkommen vergeben und dienten der Ausbildung von Fachkräften für den sozialistischen Aufbau.

3. **Statistische Daten:**
   - 1970er Jahre: Ca. 1.500 DDR-Studierende jährlich in der Sowjetunion. Weniger als 500 in anderen Ostblockländern.
   - Im Vergleich dazu war die Zahl der DDR-Studierenden im Westen marginal.

Ablauf eines Auslandsstudiums

- Vorbereitung: Absolventen der ABF (Arbeiter- und Bauernfakultät) oder ausgewählte Universitäten bereiteten Studierende auf das Auslandsstudium vor, z. B. durch landesspezifische Sprach- und Kulturkurse.
- Begleitung vor Ort: DDR-Studenten unterlagen der ideologischen Kontrolle durch Botschaften, einschließlich regelmäßiger Schulungen in Marxismus-Leninismus und Berichtspflichten gegenüber DDR-Behörden.
- Rückkehrpflicht: Nach Abschluss des Studiums mussten Absolventen in die DDR zurückkehren, wo sie gezielt in den Staatsapparat oder die sozialistische Wirtschaft integriert wurden.

Herausforderungen und Überwachung

Ein Auslandsstudium galt als Auszeichnung, war jedoch mit strengen Auflagen verbunden:

- Überwachung durch Botschaften: DDR-Studenten wurden engmaschig kontrolliert, um Fluchtversuche zu verhindern.
- Ideologische Kontrolle: Regelmäßige Gespräche in Botschaften sowie die Pflicht zur Teilnahme an politischen Schulungen waren fester Bestandteil des Alltags.

Fazit

Die Möglichkeiten für DDR-Bürger, im Ausland zu studieren, waren durch das politische System stark eingeschränkt. Anders als heute, wo Mobilität und Eigeninitiative gefördert werden, war das Studium im Ausland damals eng mit den ideologischen und wirtschaftlichen Zielen des Staates verknüpft. Nur eine kleine, politisch überprüfte Elite erhielt Zugang zu den begrenzten Studienplätzen, die fast ausschließlich in sozialistischen Ländern verfügbar waren.

***

Beiträge von Autoren zum Auslandsstudium:

K. Appenroth, Die hochnotpeinliche Befragung ...

G. Knoblauch, Der Klassenfeind sitzt auch in Ihren Reihen.

K. Heide, In Moskau ein Studium beginnen

I. Straßberger, Ich sollte für sechs Jahre nach Moskau

Themenbeitrag – Die Arbeiter-und-Bauern-Fakultäten (ABF) in der DDR

(Auszug des Beitrages aus Band 1/255)

Einige der Autoren gelangten über die damaligen Arbeiter-und-Bauern-Fakultäten (ABF) zum Studium, weshalb der Begriff „ABF" in den Beiträgen häufiger auftaucht.

In der Literatur finden sich sowohl unterschiedlich ausführliche als auch gelegentlich tendenziöse Darstellungen zur Funktion und zum Zuganges der ABF. Diese variieren je nach Perspektive und Schwerpunkt.

Ein Beispiel:

„Um Kindern von Arbeitern und Bauern, die nach dem Krieg nicht über den sonst üblichen Schulweg zum Abitur und damit zu einer Studienberechtigung gelangen konnten, den Zugang zum Studium zu ermöglichen, wurden in der DDR die Arbeiter-und-Bauern-Fakultäten (ABF) eingerichtet."

Im Projekt haben wir uns dann entschieden, folgende Definition in den Erläuterungen zu verwenden:

„Die Arbeiter-und-Bauern-Fakultäten (ABF) hatten die Aufgabe, systemtreue Arbeiter- und Bauernkinder in zwei- und dreijährigen Studiengängen zum Abitur zu bringen. Studienplätze an den Hochschulen und Universitäten waren dann für die Absolventen der ABF gesichert."

Warum die erste Definition nicht befriedigen konnte, soll an den Beispielen aus der Dokumentation erläutert werden.

Die Gründung der ABF geht auf das Jahr 1949 zurück. Bis zum Jahr 1960 gab es in der DDR etwa 15 ABF. Ziel war, das alte Bildungsprivileg der sogenannten Bourgeoisie zu brechen und eine neue „staatstragende Führungsschicht" aus der Arbeiter- und Bauernschaft heranzuziehen. Infolgedessen waren auch die Auswahl- und Zulassungsbedingungen sehr strickt. Beschrieben wird das „Aufnahme- und Kontrollverfahren" im Beitrag von Günter Knoblauch, „Der Klassenfeind sitzt auch in Ihren Reihen."

Eine einfache Bewerbung oder Einschreibung an einer ABF war nicht möglich. Der Kandidat musste nachweisen, dass beide Elternteile aus der Arbeiter- oder Bauernschicht stammten.

War dies nicht der Fall – etwa wenn die Eltern Angestellte, selbstständige Handwerker oder Angehörige der Intelligenz waren (wie z.B. Ärzte, Ingenieure oder Wissenschaftler) - waren die Chancen, über die ABF das Abitur und damit den Zugang zu Hochschulen zu erhalten, gering bis aussichtslos. Nach meinem Wissen konnte die Delegierung an eine ABF formal nur durch einen VEB oder durch DDR-Massenorganisationen wie FDJ, GST, oder den FDGB erfolgen, wobei letztlich SED-Funktionsträger letztendlich auch hier als „Entscheidungspersonen" fungierten. Delegierungen aus privaten Handwerksbetrieben sind mir nicht bekannt. Falls es sie gab, dürfte ihr Anteil gering gewesen sein, da die „sozialistische Sozialisierung" eines Antragstellers aus diesem Milieu nicht ohne Weiteres ersichtlich war.

In den Anfangsjahren war es für junge Menschen aus der Bauernschaft vermutlich einfach, an die ABF zu gelangen (Zeitzeugen fehlen), da nach 1945 durch die Bodenreform eine neue Bauernschaft entstand, die im Fokus der neu gegründeten ABF lag.

Mit Beginn der Kollektivierung Anfang der 1950er-Jahre hing der Zugang jedoch davon ab, ob die Eltern der Bauernkinder „willig und freudig" in die neu entstehenden Landwirtschaftlichen Produktionsgenossenschaften (LPG) eintraten.
Zögerten sie oder verweigerten den Beitritt, wurde die soziale Herkunft der Kinder oft inoffiziell als „Kulaken-Kindern" eingestuft (natürlich nicht öffentlich so bezeichnet).
Der Begriff „Kulak" wurde bereits im 19. Jahrhundert in Russland für wohlhabende verwendet. Nach der Oktoberrevolution 1917 und der ab Ende der 1920er-Jahre einsetzenden Kollektivierung wurde die Bezeichnung „Kulak" und „Kulakentum" zunehmend negativ besetzt. Kulaken wurden im mildesten Fall enteignet oder deportiert.

Mit dem Abschluss der Kollektivierung (Zwangskollektivierung) in den 1970er-Jahren waren in der DDR alle Bauern Genossenschaftsbauern, und deren Kinder erfüllten formal die Voraussetzungen für die ABF.

Der vollständige Beitrag ist in Band 1 der Publikation nachzulesen. Anhand von Beispielen wird darin gezeigt, warum die Definition des Begriffes ABF differenziert betrachtet werden sollte.

Themenbeitrag – Wie das MfS zu seinen Informationen kam

Die meisten Studierenden bemerkten zu DDR-Zeiten wohl kaum etwas von der Überwachung durch das MfS (Ministerium für Staatssicherheit), da die konspirative Ausforschung von Dozierenden und Studierenden darauf ausgelegt war, unauffällig zu bleiben. Erst die Öffnung der Stasi-Akten offenbarte das erschreckende Ausmaß der Verstrickung des Lehrpersonals an Hochschulen und Universitäten.

Matthias Rößler beschreibt in seinen Beiträgen zum Neubeginn in Dresden und Sachsen, wie eine der ersten Maßnahmen nach der Wende die Überprüfung des akademischen Personals auf Stasi-Verbindungen war. Diese Überprüfung führte zu erheblichen Veränderungen im Lehrbetrieb, da viele Lehrkräfte entweder freiwillig ausschieden oder einen Fragebogen zu ihrer DDR-Vergangenheit ausfüllen mussten, wenn sie ihre Tätigkeit fortsetzen wollten.

Die Beiträge zeigen unterschiedliche Methoden, mit denen das MfS Informationen sammelte: von der angeblich „freiwilligen" Anwerbung von Studierenden als Informelle Mitarbeiter (IM) bis hin zu klaren Erpressungen.

Methoden des MfS zur Informationsgewinnung

Das systematische Vorgehen des MfS zur Überwachung der Hochschulen wird deutlich in der *„Vertraulichen Dienstanweisung Nr. 1 des Ministeriums für Staatssicherheit".* Auf 18 Seiten wird hier detailliert beschrieben, wie Bildungseinrichtungen ins Visier genommen wurden.

Das Überwachungssystem des MfS umfasste Strukturen in nahezu allen Bereichen der Hochschulen und basierte auf verschiedenen Instrumenten:

- **Anwerbung von Informellen Mitarbeitern (IM):**
  Die Rekrutierung von IM war ein zentraler Bestandteil. Ursula Wonneberger beschreibt in ihrem Beitrag *„Ein ganz gewöhnlicher Anwerbeversuch der Stasi"* ein Beispiel dafür, wie die Stasi versuchte, Studierende für die „gute Sache" zu gewinnen.

- **Sammlung von IM-Berichten:**
  Selbst scheinbar belanglose IM-Berichte wurden zu vermeintlichen

- Tatsachen aufgebauscht, wie U. Knoblauch in seinem Beitrag *„Eigentlich lief mein Studium ganz normal ab"* schildert.

- **Abhörmaßnahmen:**
  Auch das Abhören von Telefonen gehörte zu den Methoden. Michael Proksch beschreibt in *„Von der Grundschule zur Hochschule – wie über Jahre hinweg psychische Deformationen entstanden"*, wie diese Überwachungssysteme funktionierten.

Das Ziel dieser Maßnahmen war eine lückenlose Kenntnis aller Vorgänge an den Hochschulen. Dies ermöglichte es, politisch unliebsame Personen – sowohl Dozierende als auch Studierende – aus dem universitären Bereich zu entfernen und die Besetzung von Positionen im Sinne des Regimes zu beeinflussen.

Zusammenfassung und weitere Anregungen

Der Beitrag *„Die Objektdienststellen des MfS an der TU Dresden"* liefert zusätzliche Einblicke in die Funktionsweise der Stasi an Hochschulen und ist für eine differenzierte Meinungsbildung zu empfehlen.

Themenbeitrag - Der Modrow-Erlass
und seine Auswirkungen an den Hochschulen und Universitäten

Matthias Rößler beschreibt in **„Das Jahr 1989 – der Aufbruch …"**

„Eine weitere schmerzhafte Erfahrung brachte mir mein erster Zeitungsarti-kel² „Selbstentstalinisierung – oder: Neue Kaderakten entstehen" in der uns nahestehenden Dresdner Tageszeitung „Union" am 28. April 1990. Die Ka-derakte bestimmte bekanntlich das Wohl und Wehe des realsozialistischen Menschen. Deshalb folgten im Frühjahr Zehntausende Staatsbedienstete in Betrieben und Universitäten der Aufforderung der Kaderleitungen, die jetzt Personalabteilungen hießen, Einsicht in die eigenen mysteriösen Akten zu nehmen. Jeder DDR-Bürger konnte seine eigene Kaderakte zur „Einsicht-nahme" sich aushändigen lassen, mit nach Hause nehmen, „einsehen" … um diese dann wieder in der Kaderabteilung zurückzugeben."

Diese Passage verdeutlicht eine der unglaublichsten Entwicklungen in der Endphase der DDR. Für heutige Leserinnen und Leser ist kaum nachvollzieh-bar, was hier tatsächlich geschah und welche Konsequenzen das für die Ver-gangenheitsaufarbeitung an Hochschulen hatte.

Wovon Rößler spricht, ist als „Modrow-Erlass in die deutsche Geschichte ein-gegangen. Bis heute wird versucht, dieses Thema herunterzuspielen – ein entscheidender Grund, weshalb viele Hochschulen kein Interesse an einer ehrlichen Aufarbeitung zeigten und zeigen. Begründet wird das mit fehlen-den Mitteln, fehlendem Personal, fehlender Notwendigkeit auf Grund fehlen-dem Interesse der Gesellschaft etc.

Was war der Modrow-Erlass?
Der Modrow-Erlass war eine bildungspolitische Maßnahme der letzten DDR-Regierung unter Hans Modrow (1989–1990). Er wurde im Frühjahr 1990 er-lassen und sollte ehemals aus politischen Gründen exmatrikulierten Studie-renden die Wiederaufnahme ihres Studiums zu ermöglichen.

---

² Dresdener Tageszeitung „Union" vom 28./29.4.1990.

Während der SED-Diktatur wurden zahlreiche Studierende aufgrund oppositioneller Aktivitäten, kritischer Äußerungen oder "fehlender sozialistischer Haltung" von Hochschulen ausgeschlossen. Das hat der Leser – wenn er hier angekommen ist -nacherleben können.

Der Modrow-Erlass klang daher wie eine späte, überfällige Geste der Wiedergutmachung.

Doch in der Praxis war die Umsetzung oft halbherzig, da die Hochschulen selbst über die konkrete Umsetzung entscheiden konnten. Hier liegt das eigentliche Problem:

- Viele Hochschulen und Universitäten konnten nicht auf ihre belasteten Kader verzichten.

- Die Entfernung aller hochschulpolitisch belasteten Personen hätte massive Lücken in der Verwaltung und Lehre hinterlassen.

- Rößler beschreibt in seinen Berichten, wie schwierig es war, den Studienbetrieb nach der Entfernung systemtreuer Funktionäre aufrechtzuerhalten.

Warum viele Hochschulen die Aufarbeitung verweigerten
Diese Problematik erklärt, warum selbst Jahrzehnte nach dem Ende der DDR Hochschulen eine aktive Aufarbeitung ihrer Vergangenheit verweigern.

Ein besonders markantes Beispiel ist die Hochschule für Musik FRANZ LISZT Weimar (HfM). Aber auch an der TU Dresden scheint es nach dem Ende der Amtszeit von Rektor Hermann Kokenge (2003–2010) Diskussionen darüber gegeben zu haben, ob man das Thema am besten ganz ruhen lässt.
Die Strategie war klar:
Nicht mehr darüber reden – nichts tun.

Der eigentliche Kern des Modrow-Erlasses: Die Aktenbereinigung
Der Modrow-Erlass hatte nicht nur Auswirkungen auf die Wiederzulassung exmatrikulierter Studierender – er spielte auch eine zentrale Rolle bei der Aktenbereinigung an Hochschulen und Universitäten.

Und genau hier wird es brisant.

Aktenvernichtung und Bereinigung unter dem Modrow-Erlass

Mit dem Erlass ergab sich eine akute Gefahr für Hochschulfunktionäre, die in der Vergangenheit an politischen Repressionen gegen Studierende beteiligt waren. Die Möglichkeit, dass rehabilitierte Studierende Einblick in ihre Akten erhalten könnten, führte vielerorts dazu, dass belastende Dokumente gezielt vernichtet oder manipuliert wurden.

Folgen:

- Säuberung von Personal- und Studienakten, um Exmatrikulationen zu verschleiern und Verantwortlichkeiten zu vertuschen.

- Gezielte Vernichtung von Stasi-Dokumenten, insbesondere in den Hochschulverwaltungen.

- Aktenmanipulation, um Funktionäre zu entlasten oder ehemalige Studierende als freiwillige „Studienabbrecher" darzustellen.

In vielen Fällen wurde dadurch eine spätere Aufarbeitung erschwert oder unmöglich gemacht, da wichtige Nachweise für Repressionen an Hochschulen fehlten. Die komplette Aktensicherung gelang nicht überall.

Fazit:

Der Modrow-Erlass sollte ursprünglich als eine Rehabilitationsmaßnahme dienen, wurde jedoch gleichzeitig von den Verantwortlichen genutzt, um eigene Verstrickungen zu vertuschen und Spuren zu beseitigen.

Jeder (!) konnte seine alte DDR-Kaderakte mit nach Hause nehmen, Dokumente entfernen, ersetzen manipulieren oder sogar neu schreiben. Welche weiteren Möglichkeiten der Aktenmanipulation genutzt wurden, lässt sich kaum vollständig erfassen.

***

Die Didaktik

Didaktik – Hinweise zur Arbeit mit der Dokumentation

Dr. Birgit Scholz

Diese Dokumentation über das Studium in der DDR dient sowohl der Aufarbeitung der DDR-Vergangenheit als auch der Anregung, die aktuellen Bildungs- und Studienbedingungen kritisch zu reflektieren. Sie lädt dazu ein, persönliche Erwartungen und Wünsche an ein Studium mit den Möglichkeiten zu vergleichen, die die „Freiheit von Forschung und Lehre" heute bietet. Gleichzeitig stellt sich die Frage, wie diese Freiheit genutzt wird und welche Potenziale sie für individuelle und gesellschaftliche Entwicklung eröffnet.

I. Die didaktische Aufbereitung des Materials

Um die Arbeit mit den vorliegenden Zeitzeugenberichten in Unterrichtszusammenhängen zu erleichtern, wurde schon bei der Sammlung und Bearbeitung der Beiträge an ihre didaktische Aufbereitung gedacht.

1. Thematische Einordnung

Bei der Sichtung der eingehenden Texte entstand das Bedürfnis, sie thematisch zu ordnen. So wurden an jeden Beitrag „zeithistorische Stichworte" angeheftet, die die schwerpunktmäßig behandelten Themen enthielten. Diese Stichworte wurden in einer Liste gesammelt. Wenn ein Beitrag neue Themen aufwarf, kamen neue Stichworte hinzu. Diese Stichwortsammlung wurde schließlich der besseren Übersicht wegen nach Hauptthemenbereichen geordnet und es entstand die hier vollständig abgebildete „Themenleiste", die alle verwendeten Stichworte enthält (siehe die folgende Tabelle).

Selbstverständlich ist diese Einordnung subjektiv und es ist auch nicht immer eindeutig, welche Themen als Schwerpunkt eines Beitrages zu betrachten sind.

Rahmenbedin-gungen	Lehren und Lernen	Studenten -alltag	Gesellschaft	Politik und Staat
Zugang zum Studium	Dozenten/Vorlesungen	Wohnen	soziale Herkunft	FDJ/SED
Studienablauf	Praktikum/Seminare	Ernteeinsatz	Christen	MfS
Lehre/ABF/Fernstudium	studentische Ämter	Humor	Wehrdienst	politische Haft
Finanzierung	Assistenzzeit	Reisen	Übergang in den Beruf	politische Ereignisse
Exmatrikulation	Auslandsstudium	Solidarität	Nischen	Flucht/Ausreise
Kommentar	Kommentar	Kommentar	Kommentar	Kommentar

Übersicht über die Stichworte in der zeithistorischen Themenleiste

In der Ausgabe von 2017 ist auf der Titelseite eines jeden Beitrags in der Kopfzeile die Themenleiste zu sehen, reduziert auf diejenigen Stichworte, die die Herausgeber dem jeweiligen Beitrag zugeordnet haben. Die Ausgabe 2025 verzichtet bei den Autorenbeiträgen darauf.

2. Überschriften und Angaben zum Autor

Als *Überschriften* wurden in den meisten Fällen in Abstimmung mit den Autorinnen und Autoren prägnante Zitate aus den Beiträgen gewählt, um nichts Fremdes von außen heranzutragen. Unter dem *Autorennamen* werden die wichtigsten Informationen zu Studienort, Studienjahrgang, Fachrichtung und Abschluss gegeben. Am Ende des Beitrags werden diese Daten durch eine Kurzbiografie der Autorin/des Autors ergänzt.

3. Zusatzinformationen

Die *Kurzbiografie* der Autorin/des Autors enthält Daten zum beruflichen Werdegang vor und nach 1990. Die Autorinnen und Autoren wurden auch gebeten, ein Foto aus der Studienzeit einzureichen. Viele scannten ihren Studentenausweis ein (nur in der Ausgabe von 2017 enthalten). Einige boten darüber hinaus den Herausgebern *Bildmaterial* und *Dokumente* zu ihrer Geschichte an. Dieses Material wurde, soweit es die Aussagen im Beitrag unterstützte und der erforderliche Platz vorhanden war, ebenfalls in die Dokumentation von 2017 aufgenommen.

Um Abkürzungen, Namen von Personen, Orten, Institutionen und Organisationen sowie historische Ereignisse kurz zu erläutern, fügten die Herausgeber *Fußnoten* ein, gekennzeichnet mit „Anm. d. Hg.". Diese Erläuterungen richten sich besonders an die junge Generation, für die viele dieser Begriffe und Ereignisse bereits Geschichte sind, während sie Lesern der älteren Generation – als Zeitgenossen – großenteils vertraut sein dürften.

Die kurzen Erklärungen sollen ein flüssiges Lesen ermöglichen, können jedoch eine eigenständige Beschäftigung mit den Besonderheiten der DDR-Geschichte und ihrer Epoche nicht ersetzen.

4. Verzeichnisse zur Erschließung des Materials

Um die Erschließung des Materials zu erleichtern, wurden parallel zur Bearbeitung der Beiträge verschiedene Verzeichnisse angelegt und sind hier enthalten.

* Verzeichnis der Abkürzungen
* Autorenverzeichnis, geordnet nach Studienorten in der DDR
* Grafische Übersicht über die Studienverläufe
* Autoren- und Beitragstitelverzeichnis mit historischen Stichworten
* Glossar der wichtigsten Begriffe mit Querverweisen zu den Beiträgen
* Verzeichnis der genannten, zitierten und weiterführenden Literatur

Diese Verzeichnisse ermöglichen die Erschließung des Materials auf verschiedenen Ebenen:

a) Biografischer Zugang
(z. B. Untersuchung von Lebensverläufen mit Abbruch des Studiums)
Bei der Suche nach Beiträgen helfen folgende Verzeichnisse und Informationen:
* Alphabetisches Autorenverzeichnis mit Studienanfängen
* Autorenverzeichnis, geordnet nach Studienorten in der DDR

* Grafische Übersicht über die Studienverläufe
* Kurzbiografien
* Fotos und persönliche Dokumente

b) Themenorientierter Zugang

(z. B. Untersuchung der Finanzierung des Studiums)
Bei der Suche nach Beiträgen helfen folgende Verzeichnisse und Informationen:
* Autorenverzeichnis, geordnet nach Studienorten in der DDR
* Autoren- und Beitragstitelverzeichnis mit historischen Stichworten
* Kommentare zu zeithistorischen Themen
* Glossar der wichtigsten Begriffe mit Querverweisen zu den Beiträgen

c) Epochenorientierter Zugang

(z. B. Untersuchung der Studienbedingungen vor und nach dem Mauerbau)
Bei der Suche nach Beiträgen helfen folgende Verzeichnisse und Informationen:
* Alphabetisches Autorenverzeichnis mit Jahr des Studienbeginns
* Grafische Übersicht über die Studienverläufe

II. Nutzung des Materials für die politische Bildung

1. Zu den Besonderheiten der Quellengattung „schriftlicher Zeitzeugenbericht"

Zeitzeugenberichte besitzen zunächst große Authentizität, denn schließlich hat der Zeitzeuge die Ereignisse, von denen er berichtet, selbst erlebt. Dennoch spiegeln die Texte nicht „die historische Wahrheit" („wie es eigentlich gewesen ist") wider, sondern eine bestimmte Sicht der Autorinnen und Autoren auf die Ereignisse.

„Wie es eigentlich gewesen ist": zitiert hier nach Leopold von Ranke (1795–1886). Ranke gehört zu den Begründern der modernen Geschichtswissenschaft. Er forderte, der Historiker solle nicht richten und lehren, sondern nur zeigen, „wie es eigentlich gewesen ist". Dazu entwickelte er die kritische Methode zur Quellenerschließung.

In diesem Zusammenhang ist der Hinweis der Zeithistorikers Christoph Classen bedenkenswert, der sich mit Erinnerungskulturforschung und Gedächtnisforschung befasst hat. Forschungsfelder kommen zu dem Ergebnis, dass das Gedächtnis nicht „als Speicher individueller Erinnerungen"[3] funktioniert, die man eins zu eins abrufen könnte, sondern es „dient vor allem zur Bewältigung gegenwärtiger Anforderungen"[4]. Das heißt, so Classen, dass „gegenwärtige soziale Erwartungen und Vorstellungen die Erzählungen in hohem Maße prägen".

Christoph Classen, Thomas Ahbe, Jens Hüttmann und Peer Pasternack analysieren, wie die DDR im Alltagsbewusstsein ihrer ehemaligen Bevölkerung fortbesteht, welche Wege es gibt, DDR-Geschichte zu vermitteln und welche Ansätze und Erfahrungen es im Unterricht gibt.[5]

Bei der Analyse von Zeitzeugenberichten muss daher berücksichtigt werden, dass die Sichtweise der Autorinnen und Autoren durch verschiedene Faktoren bestimmt ist, die das damalige Erleben überlagern, möglicherweise verzerren. Beispielsweise:

* Wie sehen die Autorinnen und Autoren sich selbst damals und heute?

* Haben sie sich in der DDR für die Ziele des Staates aktiv eingesetzt, haben sie sich aus verschiedenen Gründen angepasst oder standen sie in Opposition dazu?

* Haben sie die Wiedervereinigung aufseiten der DDR erlebt, also aufseiten der „Verlierer", oder aufseiten der Bundesrepublik, der „Gewinner"?

* Wie bewerten die Autorinnen und Autoren ihr weiteres Leben: Erfolg oder Scheitern?

---

[3] Christoph Classen: Zeitzeugen und Medien. Entstehung und Problematik einer populären Figur der Erinnerungskultur. In: Christian Ernst (Hg.): Geschichte im Dialog? ‚DDR-Zeitzeugen' in Geschichtskultur und Bildungspraxis, Schwalbach/Ts. 2014, S. 54–66, hier S. 60.
[4] Classen beruft sich hier auf Harald Welzer: Die Medialität des Gedächtnisses. In: BIOS, Nr. 1 (2008), S. 15–27.
[5] Classen, Zeitzeugen und Medien, vgl. dazu auch Thomas Ahbe: Die DDR im Alltagsbewusstsein ihrer ehemaligen Bevölkerung, in: Jens Hüttmann/Ulrich Mählert/Peer Pasternack (Hg.): DDR-Geschichte vermitteln. Ansätze und Erfahrungen in Unterricht, Hochschullehre und politischer Bildung, Berlin 2004, S. 113–138.

* Welche gesellschaftlichen und politischen Wertvorstellungen waren damals vorherrschend, welche sind es heute?

* Schriftliche Zeitzeugenberichte stehen in einem bestimmten Zusammenhang bzw. wurden für einen bestimmten Zusammenhang produziert (z. B. Aufarbeitung des SED-Staates). Auch dies prägt die Sicht auf die Ereignisse, führt zu einer bestimmten Auswahl dessen, was erzählenswert erscheint.

* Die Redakteure bzw. Initiatoren eines Projekts verfolgen in der Regel bestimmte Ziele mit ihrer Dokumentation. Dies hat Auswirkungen auf die Auswahl der Autorinnen und Autoren, auf die Themen und Länge der Beiträge und die Art ihrer Präsentation.

* Der aktuelle gesellschaftliche Diskurs über die DDR in den Massenmedien wird von bestimmten Themen, Deutungsmustern und Wertvorstellungen beherrscht (z. B. „Unrechtsstaat"), die bei Zeitzeugen die Wahrnehmung der Vergangenheit mitbestimmen und allmählich verändern.

Diese Punkte sollten bei der Nutzung des Materials in der Bildungsarbeit thematisiert und in ihren Konsequenzen diskutiert werden. Quellenkritik ist notwendig!

Gegenüber direkten Gesprächen mit anwesenden Zeitzeugen haben schriftlich vorliegende Zeitzeugenberichte den Vorteil, dass sie unbefangen einer Quellenkritik unterzogen werden können.

Dadurch besteht die Möglichkeit, gerade Jugendliche mit Methoden und Strategien auszustatten, die es ihnen ermöglichen, Zeitzeugenerzählungen, die im Alltag an sie herangetragen werden, zu hinterfragen und einzuordnen. Die Jugendlichen werden so befähigt, umgeben von einer Vielfalt der Deutungen und Meinungen einen eigenen Standpunkt zu entwickeln und diesen verteidigen zu können.

2. Mögliche Erkenntnisziele

Wenn Zeitzeugenberichte keine unmittelbaren Rückschlüsse darauf erlauben, „wie es eigentlich gewesen ist" im Sinne einer objektiven historischen Wahrheit, welcher andere Erkenntnisgewinn ist dann möglich?

* Aus Zeitzeugenberichten erfahren wir, wie Menschen die historischen Ereignisse erlebt und verarbeitet haben.

* Wir erfahren, wie sich Menschen in bestimmten historischen Konstellationen verhielten und welche Motive ihr Handeln bestimmten.

* Wir erfahren, wie komplex die Lebenswirklichkeit unter der Diktatur war und dass ein einfaches Schema von Staatsmacht auf der einen Seite und Widerstand auf der anderen Seite dieser komplexen Wirklichkeit nicht gerecht wird. Wir erfahren beispielsweise, dass die Konflikte zwischen Anpassung und Opposition oft innerhalb des einzelnen Individuums ausgetragen wurden.

Bleibt die Frage zu beantworten, die im Zusammenhang mit Zeitzeugenberichten immer wieder diskutiert wird: Kann man auf der Grundlage dieser individuellen Erfahrungen und Sichtweisen überhaupt allgemeine Aussagen treffen, die zum historischen Erkenntnisgewinn über die DDR beitragen?

Die Antwort lautet Ja, es gibt keine andere Möglichkeit, zu historischen Erkenntnissen zu gelangen. Geschichte setzt sich zusammen aus singulären Einzelereignissen, ihre Summe erst ergibt die historische Wahrheit. Im Fall dieser Dokumentation über das Studium in der DDR haben die Leserinnen und Leser den Vorteil, dass sie viele Berichte zum selben Thema vorliegen haben, die – bei allen genannten Einschränkungen – doch unterschiedliche Perspektiven enthalten. Die Sammlung der Zeitzeugenberichte wird ergänzt durch zeithistorische Dokumente, die einen ungefilterten Einblick in die damaligen Ereignisse erlauben. Die zeithistorischen Kommentare und Hinweise auf weiterführende Literatur regen zu vertiefender Auseinandersetzung an, um die Zeitzeugenberichte einzuordnen und zu gewichten. Auf dieser Grundlage sollte es gelingen, ein angemessenes Bild vom Studium in der DDR zu gewinnen, das geeignet ist, als Baustein auch das Bild von der DDR zu vervollständigen.

Exkurs: Wie haben die Herausgeber versucht, das Problem, einer „ausgewogenen Sichtweise" zu realisieren?

* Bei der vorliegenden Dokumentation wollten die Initiatoren des Projekts ausdrücklich eine ausgewogene Sicht auf das Studium in der DDR vermitteln. Dies wird deutlich an der Fragestellung, die potenziellen Autorinnen und Autoren vorgelegt wurde: „Was war gut am Studium in der DDR und worauf hätten wir verzichten können?"

* Sie warben daher um Beiträge aus allen Absolventenkreisen, auch um Beiträge von Personen, die dem damaligen System nahestanden. Und sie lehnten keinen Beitrag ab. Um alle Beiträge, die ihnen angeboten wurden, in die Dokumentation aufnehmen zu können, mussten sie die Länge der Beiträge begrenzen. Dennoch konnte das Ziel der Ausgewogenheit nicht erreicht werden, da sich die damals „systemtreuen" Absolventen an dem Projekt kaum beteiligt haben.

* Die Werbung erfolgte in Publikationen wie zum Beispiel dem „Dresdener Universitätsjournal", das „Absolventenmagazin Kontakt-online" der TUD", der „Zeitschrift des Forschungsverbundes SED-Staat" der Freien Universität Berlin, ferner durch Auslegen eines Informationsblattes (in Abstimmung und mit Hilfe der Verantwortlichen) in Bundesdienststellen und Gedenkstätten, auf Veranstaltungen von Bildungswerken. Das Projekt wurde beworben in Internetforen, in Briefen an andere Hochschulen sowie an deren Mitarbeiter (z. B. die Hochschule für Musik Franz Liszt) sowie an politische Institutionen, durch Vorträge wie z. B. auf der Geschichtsmesse in Suhl oder im Lions Club in München. Auch alle angesprochen Personen wurden motiviert, sich als Multiplikatoren zu betätigen. Über den Stand des Vorhabens wurde bereits ab 2012 auf einer eigens dafür eingerichteten Seite unter www. knobi-muc.de berichtet. Ab 2014 wurde dort dann das Gesamtobjekt vorgestellt, beworben und über den Stand der Arbeiten berichtet.

III. Fragenkatalog, Aufgaben für die Unterrichtspraxis

Die folgenden Aufgaben sind für Schülerinnen und Schüler der Sekundarstufe II sowie für Studierende konzipiert. Auch ein Einsatz im Rahmen von Projektwochen oder Klassenreisen ist denkbar, wo für die intensive Bearbeitung eines Themas mehr Zeit zur Verfügung steht.

1. Allgemeines Frageraster zur Auswertung der Beiträge

a) Einen ersten Eindruck gewinnen

1. Lesen Sie den Beitrag.
2. Sehen Sie sich die Biografie des Autors/der Autorin an.
3. Fassen Sie den Inhalt des Beitrags zusammen.
4. Formulieren Sie kurz Ihren ersten Eindruck von diesem Text.
5. Ziehen Sie ein erstes Fazit: Wer berichtet in dem Beitrag worüber und mit welcher Absicht?

b) In den historischen Kontext einordnen

6. Evtl. als Referat(e): Notieren Sie historische Daten, Ereignisse und Namen, die genannt werden. Recherchieren Sie dazu und verschaffen Sie sich einen Überblick über den historischen Hintergrund. Tragen Sie Ihre Ergebnisse der Klasse vor.

7. Evtl. als Referat(e): Notieren Sie Institutionen, die genannt werden (z. B. FDJ, GST, MfS) und recherchieren Sie dazu. Verschaffen Sie sich einen Überblick über ihre damalige Funktion und Bedeutung. Tragen Sie Ihre Ergebnisse der Klasse vor.

c) Die Darstellung analysieren

8. Wählen Sie aus den folgenden Fragen einige aus und versuchen Sie sie anhand des Textes zu beantworten:

* Von welchen persönlichen Absichten und Zielen berichtet der Zeitzeuge/die Zeitzeugin?

* Von welchen äußeren Bedingungen berichtet der Zeitzeuge / die Zeitzeugin?

* Von welchen Personen und Institutionen zeigt er/sie sich beeinflusst?

* Welche sprachlichen Besonderheiten fallen Ihnen auf?

* Sind starke Emotionen erkennbar?

* Wie stellt der Zeitzeuge/die Zeitzeugin seine/ihre Situation und das eigene Handeln dar?

* Mit welchen Strategien versucht er/sie seine/ihre Ziele zu erreichen? (z. B. Anpassung an politische Anforderungen, zeitaufwendige Umwege, gesellschaftliches Engagement, fachliche Leistung, offener Widerstand)

* Wie beurteilt der Autor/die Autorin die geschilderte Situation, sein/ihr eigenes Verhalten und die Ergebnisse seines/ihres Handelns damals und heute?
* Vermuten Sie, welches Ziel der Autor/die Autorin mit seinem/ihrem Bericht verfolgt?

d) Abschließende Reflexion und Bildung eines eigenen Urteils

9. Nehmen Sie anhand der Zeitzeugenberichte Stellung zu folgenden Behauptungen:

   * Im DDR-Bildungssystem hatten alle die gleichen Chancen.

   * Im DDR-Bildungssystem kam es auf die Leistung an.

   * Es ist sinnvoll, den Zugang zum Studium zu regulieren.

   * Das Ausbildungsniveau in der DDR war hoch.

   * Es ist sinnvoll, auf der Einhaltung der Regelstudienzeit zu bestehen und einen Studiengangwechsel in der Regel nicht zu akzeptieren.

   * Die Staatssicherheit war ein ganz normaler Geheimdienst.

10. Wie deutet der Zeitzeuge/die Zeitzeugin die Geschichte der DDR? Schauen wir uns drei zentrale Deutungssätze genauer an:

- das „Diktaturgedächtnis",
- das „Arrangementgedächtnis" und
- das „Fortschrittsgedächtnis".

Die Frage, ob es noch weitere Deutungsmöglichkeiten gibt, bleibt unbenommen.

Die drei genannten Deutungsansätze der DDR-Geschichte hat der Zeithistoriker Martin Sabrow formuliert:

1. Das „Diktaturgedächtnis" interpretiert die DDR von ihrem Ende her und fasst sie vor allem als „Staat der SED", als „zweite deutsche Diktatur" nach dem Nationalsozialismus auf („Unrechtsstaat"), die ihre Bürger mit totalitären Herrschaftsmethoden unterdrückte. Diese Deutung ist die zurzeit in staatlichen Gedenkveranstaltungen und Schullehrplänen vorherrschende.

2. Das „Fortschrittsgedächtnis" interpretiert die DDR von ihren Anfängen her als (gescheiterten) Versuch, eine antifaschistische und antikapitalistische Gesellschaft aufzubauen, deren Errungenschaften zum Teil noch heute nützlich sind. Diese Sichtweise wird vor allem von ehemaligen DDR-Eliten vertreten.

3. Das vor allem unter ehemaligen DDR-Bürgern verbreitete „Arrangementgedächtnis" lehnt sowohl eine einseitig positive als auch eine einseitig negative Sichtweise ab, sondern betont die Ambivalenzen des sozialistischen Systems: Hoffnung und Enttäuschung, Konsens und Dissens, Mitmachbereitschaft und Verweigerung, Integration und Ausgrenzung.

Vgl. dazu Martin Sabrow: Die DDR zwischen Geschichte und Gedächtnis. In: Ernst (Hg.): Geschichte im Dialog?, S. 23–37, hier S. 31–33. Vertiefend zu dieser Thematik siehe Jens Hüttmann: Deutungskonflikte über DDR-Geschichte aus Akteursperspetive, in: Hüttmann/Mählert/Pasternack (Hg.): DDR-Geschichte vermitteln, S. 185–200.

11. Stellen Sie Bezüge zu Ihrer eigenen Lebenssituation her: Vergleichen Sie die Bedingungen, Wünsche, Ziele, Strategien und Verhaltensweisen des Zeitzeugen sowie die Konsequenzen seines Handelns mit Ihren eigenen Bedingungen heute.

12. Zeigen Sie auf, welche Chancen und Spielräume der Zeitzeuge/die Zeitzeugin hatte, sein/ihr Leben nach eigenen Vorstellungen zu gestalten. Vergleichen Sie mit Ihren Möglichkeiten heute.

2. Inhaltliche Vorschläge für die Arbeit mit dem Material

Vorschlag 1:
Vergleich Studium in der DDR und heute

1. Vergleichen Sie die Studienbedingungen in der DDR mit den Studienbedingungen heute. Überlegen Sie sich dazu geeignete Vergleichspunkte.

2. Was wird von den Zeitzeugen als positiv, was als negativ bewertet? Was bewerten Sie selbst an den heutigen Studienbedingungen als positiv, was als negativ?

3. Gibt es bei den Zeitzeugen und Ihnen übereinstimmende Vorstellungen zum Studium? Oder sind diese Vorstellungen davon geprägt, in welcher Gesellschaft man aufwächst oder auch zu welcher Generation man gehört?

4. Einige Studienwege der Zeitzeugen sind nicht glatt verlaufen (siehe Übersicht Studienverläufe). Untersuchen Sie, wie die jeweiligen Zeitzeugen das bewerten und welche Ursachen sie dafür sehen.

5. Diskutieren Sie, welche Gründe es heute gibt, dass Studienwege nicht glatt verlaufen.

6. Vertiefung: Befragen Sie Ihre Eltern und Großeltern zu den Studienbedingungen in der Bundesrepublik/in der DDR in den Fünfziger- bis Achtzigerjahren.

Vorschlag 2:
Kreative Methoden zur Erschließung der Zeitzeugenberichte

Wählen Sie für die folgenden Aufgaben geeignete Beiträge als Grundlage aus.

Darstellendes Spiel: Gestalten Sie die szenische Darstellung einer geschilderten Szene oder einer lediglich erwähnten Szene, von der nur das Ergebnis bekannt ist.

Kreatives Schreiben: Verfassen Sie den Tagebucheintrag eines SED-Kommilitonen, eines IM der Stasi oder eines Kommilitonen, der zwischen Solidarität und Loyalität schwankt.

Rollenspiel mit Perspektivwechsel: Simulieren Sie das Verfahren einer Zwangsexmatrikulation aus politischen Gründen im Rollenspiel. Entwerfen Sie eine Anklagerede der Hochschulleitung und eine Verteidigungsrede der Betroffenen Studentin/des Studenten. Tragen Sie beides im Plenum vor und diskutieren Sie darüber.

Podiumsdiskussion: Versetzen Sie sich in die Rolle einer Zeitzeugin/eines Zeitzeugen. Verfassen Sie in ihrem/seinem Namen jeweils ein kurzes Statement zum Studium in der DDR und vertreten Sie diese Perspektive.

Kreatives Schreiben: Wählen Sie aus den Zeitzeugenberichten ein dramatisches Ereignis aus. Bilden Sie zwei Journalistenteams. Das eine Team verfasst darüber einen Artikel für die staatstreue Zeitung „Neues Deutschland". Das andere Team schreibt über dasselbe Ereignis einen Artikel für eine Untergrundzeitung.

Podiumsdiskussion: Spielen Sie eine Podiumsdiskussion nach dem Mauerfall. Der Rektor einer Universität der ehemaligen DDR, zwei Professoren (einer bereits zu DDR-Zeiten im Amt, der andere aus dem Westen), drei ehemalige Absolventen der Universität sowie ein Politiker und ein Vertreter der DDR-Bürgerrechtsbewegung diskutieren darüber, wie die Universität mit ihrer DDR-Vergangenheit umgehen sollte.

Vorschlag 3:
Konsens und Verweigerung in der Gesellschaft der DDR

Der Historiker Michael Schneider schreibt in seinem Aufsatz über Konformismus und Widerstand in der DDR":

„Parallel zum Anspruch auf totalitäre Durchdringung aller Lebensbereiche mit ‚sozialistischem Geist', also parallel zur Politisierung des Alltags, erhob das SED-Regime einen umfassenden Anspruch auf Zustimmung und Mitmachen, auf Folgebereitschaft und Einordnung. Damit wurde das Alltagsverhalten zum Ausdruck politischen Bekenntnisses und zugleich zum Gegenstand politischer Überwachung sowie – gegebenenfalls – zum Anlass politischer

Verfolgung. Formen der Verweigerung von Zustimmungs- und Folgebereit-schaft wurden als politischer Dissens begriffen und dementsprechend krimi-nalisiert und verfolgt. Doch die politische Verfolgung der als ‚Staatsfeind‘, ‚Feind des Sozialismus‘ usw. Gebrandmarkten war nicht nur ein Instrument zur Durchsetzung und Stabilisierung der SED-Herrschaft und -Politik; son-dern sie folgte letztlich einem gesamtgesellschaftlichen Gestaltungsanspruch zugunsten des Aufbaus einer politisch-weltanschaulich homogenen ‚sozialis-tischen Gesellschaft‘, von dem eben auch der Alltag nicht ausgenommen war.

Da Konsens und Dissens miteinander verschränkt waren, lassen sich die un-terschiedlichen Verhaltensweisen von DDR-Bürgerinnen und -Bürgern als ab-gestufte Formen sowohl von Konsens als auch von Dissens beschreiben, d. h. als partieller Konsens bzw. partieller Dissens [...].“

Zit. n. Michael Schneider, Konformismus und Widerstand in der DDR.– In: Christian Ernst (Hg.): Geschichte im Dialog? ‚DDR-Zeitzeugen‘ in Geschichtskultur und Bil-dungspraxis, Schwalbach/Ts.: Wochenschau Verlag 2014, S. 67–80, hier S. 68.

Untersuchungsfragen:

1. Formulieren Sie den Gedankengang von Michael Schneider mit eigenen Worten.

2. Untersuchen Sie die Zeitzeugenberichte zum DDR-Studium zunächst nach Formen der Zustimmung zum DDR-Staat und Formen des Mitmachens (Kon-sens). Suchen sie dann nach Formen der Missbilligung und Verweigerung (Dissens).

3. Versuchen Sie die verschiedenen Formen des Dissens in ein System zu bringen. Nach welchen Kriterien könnte man sie ordnen?

4. Wie sind Konsens und Dissens in den Beiträgen anzutreffen? Lassen sich die Beiträge dem einen oder anderen Verhalten zuordnen?

5. Untersuchen Sie, welche innen- und außenpolitischen Ereignisse die Hal-tung der Studenten zum DDR-Staat beeinflussten, und erläutern Sie die Zu-sammenhänge.

6. Welche Formen von Konsens und Dissens gegenüber dem Staat sind in der heutigen Gesellschaft zu beobachten?

7. Diskutieren Sie die Frage: Inwieweit erwartet auch unser Staat Konsens von seinen Bürgern?

Vorschlag 4:
Solidarität – ein besonderes Kennzeichen der DDR-Gesellschaft?

In Gesprächen über die DDR wird häufig das solidarische Verhalten der Menschen untereinander gelobt und dem gesellschaftlichen Klima in der Bundesrepublik gegenübergestellt. Untersuchen Sie anhand der Beiträge über das Studium in der DDR, ob Sie dieser Auffassung zustimmen können.

1. Suchen Sie Beiträge heraus, in denen es um Solidarität geht.

2. Analysieren Sie, welche Formen von Solidarität geschildert werden.

3. Untersuchen Sie, in welchen Situationen solidarisches Verhalten geschildert wird. Werden auch Situationen geschildert, in denen solidarisches Verhalten vermisst wird?
Wie bewerten die Autorinnen und Autoren jeweils die berichteten Situationen?

4. Sammeln Sie Beispiele von Solidarität oder Nicht-Solidarität in unserer heutigen Gesellschaft und vergleichen Sie sie mit den Beispielen aus den Zeitzeugenberichten.

5. War die DDR-Gesellschaft solidarischer als unsere heutige Gesellschaft? Nehmen Sie Stellung zu dieser Frage und begründen Sie Ihre Meinung.

✳✳✳

Birgit Scholz, geboren 1962 in Osnabrück, 1981 Abitur, Studium Geschichte, Deutsch und Erziehungswissenschaft in Freiburg i. Br. und Hamburg. Nach dem 1. Staatsexamen forschte sie 1990 in der DDR und UdSSR, 1992 2. Staatsexamen für das Höhere Lehramt. 1995/96 DAAD-Lektorin in Novosibirsk, Russland; Promotion 1996 in Berlin. Bis 2000 Wissenschaftliche Mitarbeiterin am FZ Europäische Aufklärung in Potsdam, arbeitete 2001–2003 in der Schulbuchredaktion des Verlags Volk und Wissen und ist seit 2005 freiberufliche Lektorin.

Verzeichnisse zur Erschließung des Materials

Verzeichnis der verwendeten Abkürzungen
Autorenverzeichnis - nach Studienorten geordnet
Graphische Übersicht der Studienverläufe
Autoren – Beitragstitel, Fundorte und zeithistorische Stichworte
Glossar
Die Autoren - Biographische Daten und Werdegänge
Literaturverzeichnis
Rezensionen zur Buchausgabe von 2017

Verzeichnis der verwendeten Abkürzungen

ABF	Arbeiter-und-Bauern-Fakultät
AOS	Abendoberschule (führte zum Abitur)
APO	Außerparlamentarische Opposition (BRD)
ASTA	Allgemeiner Studentenausschuss, Studentenvertretung (heute: „Studierendenvertretung") in der Bundesrepublik
BGL	Betriebsgewerkschaftsleitung (DDR)
BKW	Braunkohlenwerk
BSG	Betriebssportgemeinschaft
BStU	Der Bundesbeauftragte für die Unterlagen des Staatssicherheitsdienstes der ehemaligen Deutschen Demokratischen Republik
ČSSR	Tschechoslowakische Sozialistische Republik
DEKRA	Deutscher Kraftfahrzeug-Überwachungs-Verein e. V.
DFF	Deutscher Fernsehfunk
DKP	Deutsche Kommunistische Partei
DR	Deutsche Reichsbahn
DRK	Deutsches Rotes Kreuz
DS	Deutscher Sportausschuss (Vorläufer des DTSB)
DSB	Deutscher Sportbund (BRD)
DSF	Gesellschaft für Deutsch-Sowjetische Freundschaft
DTSB	Deutscher Turn- und Sportbund
E&A	Erziehung und Ausbildung, Abteilung an den Universitäten, verantwortlich u. a. für die Zulassung zum Studium
EOS	Erweiterte Oberschule, führte zum Abitur (entsprach dem bundesdeutschen Gymnasium)
FS	Fernstudium
FSU	Friedrich-Schiller-Universität Jena
EVG	Europäische Verteidigungsgemeinschaft
FDGB	Freier Deutscher Gewerkschaftsbund
FDJ	Freie Deutsche Jugend
FSU	Friedrich-Schiller-Universität
ESG	Evangelische Studentengemeinde
Gewi	Gesellschaftswissenschaften
GI	Geheimer Informator (des MfS)
GMS	Gesellschaftlicher Mitarbeiter für Sicherheit (MfS),
GST	Gesellschaft für Sport und Technik, eine vormilitärische Organisation für Jugendliche in der DDR
HAB	Hochschule für Architektur und Bauwesen (Weimar)
HfBK	Hochschule für Bildende Künste
HfV	Hochschule für Verkehrswesen

HGB	Hochschule für Grafik und Buchkunst (Leipzig)
HIM	Hauptamtlicher Informeller Mitarbeiter (des MfS)
HPL	Hochschulparteileitung (der SED)
IHS	Ingenieurhochschule
I.-I.	Industrie-Institut
	(bot aktiven oder potenziellen Führungskräften der volkseigenen
	Industrie alternative Qualifizierungsmöglichkeiten zum Studium)
IM	Inoffizieller Mitarbeiter der Staatssicherheit
IMS	Inoffizieller Mitarbeiter (des MfS) zur Sicherung und Durchdringung
	eines Verantwortungsbereiches
ISB	Ingenieurschule für Bauwesen
ISP	Ingenieurschule für Pharmazie
JP	Junge Pioniere
IUS	International Union of Students
KdT	Kammer der Technik
KGB	Komitet gosudarstvennoj bezopasnosti (dt.: „Komitee für
	Staatssicherheit", sowjetischer Geheimdienst 1954–1991)
KP	Kontaktperson (Person, die in der Regel vom nachrichtendienstlichen
	Charakter der Verbindung keine Ahnung hatte; Sprache des MfS)
KPCˇ	Kommunistische Partei der Tschechoslowakei
KPD	Kommunistische Partei Deutschlands (BRD)
KPdSU	Kommunistische Partei der Sowjetunion
KSG	Katholischen Studentengemeinde
KVP	Kasernierte Volkspolizei (1952–1956, Vorläufer der NVA)
LBA	Landesbeauftragter für die Unterlagen des Staatssicherheitsdienstes
LMT	Landmaschinentechnik
LPG	Landwirtschaftliche Produktionsgenossenschaft
MdI	Ministerium des Inneren
MfS	Ministerium für Staatssicherheit
ML	Marxismus-Leninismus
MLU	Martin-Luther-Universität
NAW	Nationales Aufbauwerk
NAGEMA	Maschinenbau Nahrungs- und Genussmittel in Dresden
NÖS(PL)	Neues ökonomisches System (der Planung und Leitung)
NS	Nationalsozialismus, nationalsozialistisch
NUS	National Union of Students
NVA	Nationale Volksarmee (der DDR)
OD	Objektdienststelle des MfS
OFK	Oberer Führungskreis
OibE	(MfS-)Offizier im besonderen Einsatz
OPK	Operative Personenkontrolle (MfS), konspirativer Vorgang zur Aufklärung
	und Überwachung von Personen

OPV	Operativer Vorgang (MfS)
POS	Polytechnische Oberschule
PH	Pädagogische Hochschule Erfurt
RA	Rechtsanwalt
RAF	Rote-Armee-Fraktion (Terrororganisation, BRD)
RGW	Rat für gegenseitige Wirtschaftshilfe (Wirtschaftsbündnis Ostblockstaaten)
Rias	Rundfunk im amerikanischen Sektor (Berlin)
ROA	Reserve-Offiziers-Anwärter
SDP	Sozialdemokratische Partei (der DDR)
SDR	Süddeutscher Rundfunk (BRD)
SED	Sozialistische Einheitspartei Deutschlands
SFB	Sender Freies Berlin
SG	Seminargruppe
SPD	Sozialdemokratische Partei Deutschlands (BRD)
Stasi	Staatssicherheit, für MfS
Semsek	Seminargruppensekretär
SWR	Südwestrundfunk (BRD)
TH	Technische Hochschule
ThLA	Thüringer Landesbeauftragter zur Aufarbeitung der SED-Diktatur
Trapo	Transportpolizei (umgangssprachlich)
TU	Technische Universität
UTP	Unterrichtstag in der sozialistischen Produktion
VDE	Verband der Elektrotechnik Elektronik Informationstechnik e. V.
VDI	Verein Deutscher Ingenieure (BRD)
VEB	Volkseigener Betrieb
VP	Volkspolizei
VVB	Vereinigung volkseigener Betriebe, Vorläufer der späteren Kombinate, heute etwa vergleichbar mit Konzernen
VVS	Vertrauliche Verschlusssache (MfS)
Zentrag	Zentrale Druckerei-, Einkaufs- und Revisionsgesellschaft mbH, unterstand dem ZK der SED
ZK	Zentralkomitee (SED)

Autorenverzeichnis - nach Studienorten geordnet

Einige Autorinnen und Autoren haben an mehreren Hochschulen der DDR studiert.

Berlin

Friese, Wolfgang
Jork, Klaus
Knoblauch, Uta
Lienert, Matthias
Wiemers, Gerald

Dresden

Anders, Falk
Anders, Ralf
Bakardjiev, Svetoslav
Balzer, Michael
Böhmer, Peter
Böttger, Martin
Brink, Hans-Jürgen
Clemens, Heinz
Dalpke, Hanns-Lutz
Deick, Hubertus
Fieseler, Berthold
Franke, Günter
Friese, Wolfgang
Gebauer, Lothar
Glöde, Guntram
Hardtke, Hans-Jürgen
Härtig, Otto
Heeger, Thomas
Hempel, Hartmut
Henke, Hartmut
Herrmann, Günter
Heyde, Klaus
Höfgen, Christian
Hönisch, Gerhard
Hübner, Armin
Jacob, Johannes

Jork, Rainer
Keller, Reinhard
Kempe, Frank
Klose, Joachim
Knoblauch, Günter
Kobe, Sigismund
Krause, Gisela
Kreysa, Gerhard
Kuhlmann, Bernd
Lunkwitz, Klaus
Markert, Matthias
Mettcher, Roland
Meyer, Christian
Müller, Christian
Otto, Ulrich
Petzholtz, Wilhelm
Pötter, Karl-Friedrich,
Proksch, Michael
Rath, Fritz
Rößler, Matthias
Schmiele, Joachim
Schober, Helmar
Schwinkowski, Kurt
Stock, Betina
Straßberger, Ingrid
Ventzke, Michael
Wedekind, Gerhard
Wonneberger, Ursula
Ziesecke, Peter

Freiberg

Beinhoff, Christian
Leidhold, Hans-Peter

Halle-Wittenberg
Büdke, Michael
Wiemers, Gerald

Jena
Heinrich, Joachim
Jahn, Roland
Mey, Roland
Rathenow, Lutz
Appenroth, Klaus-J.

Karl-Marx-Stadt
Proksch, Michael

Erfurt
Mortzeck, Manfred
Pontius, Martina

Stötzer, Gabriele
Tremmel, Beate

Magdeburg
Kupke, Wolfgang

Leipzig
Grimmling, Hans-Hendrik
Leidhold, Hans-Peter
Schmiele, Joachim

Mühlhausen
Wedekind, Gerhard

Weimar
Rath, Fritz
Wallmann, H. Johannes

Graphische Übersicht der Studienverläufe

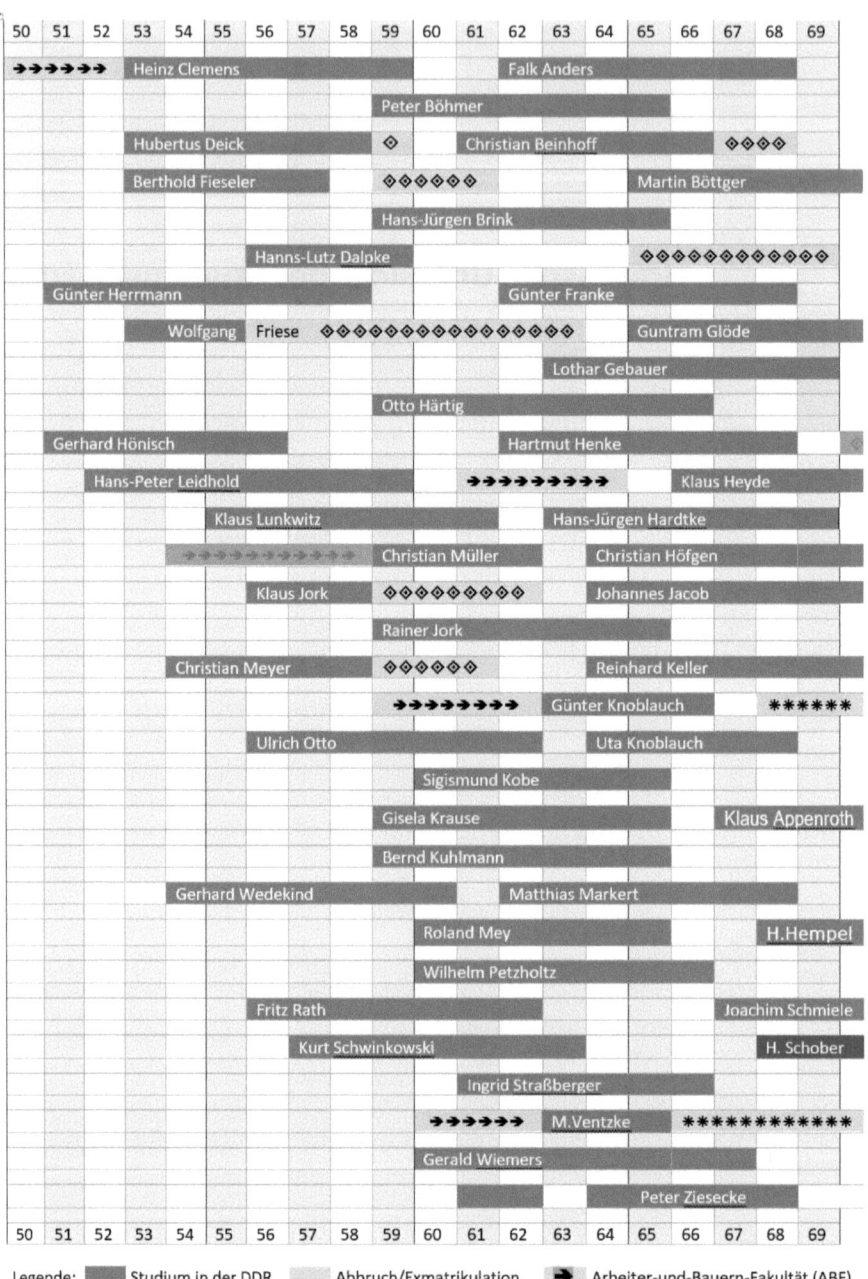

50	51	52	53	54	55	56	57	58	59	60	61	62	63	64	65	66	67	68	69

Heinz Clemens — Falk Anders

Peter Böhmer

Hubertus Deick ◇ Christian Beinhoff ◇◇◇◇

Berthold Fieseler ◇◇◇◇◇◇ Martin Böttger

Hans-Jürgen Brink

Hanns-Lutz Dalpke ◇◇◇◇◇◇◇◇◇◇◇◇

Günter Herrmann — Günter Franke

Wolfgang Friese ◇◇◇◇◇◇◇◇◇◇◇◇◇◇◇ Guntram Glöde

Lothar Gebauer

Otto Härtig

Gerhard Hönisch Hartmut Henke

Hans-Peter Leidhold →→→→→→→→→ Klaus Heyde

Klaus Lunkwitz Hans-Jürgen Hardtke

→→→→→→→→→→→ Christian Müller Christian Höfgen

Klaus Jork ◇◇◇◇◇◇◇◇ Johannes Jacob

Rainer Jork

Christian Meyer ◇◇◇◇◇◇ Reinhard Keller

→→→→→→→→→ Günter Knoblauch ✱✱✱✱✱✱

Ulrich Otto Uta Knoblauch

Sigismund Kobe

Gisela Krause Klaus Appenroth

Bernd Kuhlmann

Gerhard Wedekind Matthias Markert

Roland Mey H.Hempel

Wilhelm Petzholtz

Fritz Rath Joachim Schmiele

Kurt Schwinkowski H. Schober

Ingrid Straßberger

→→→→→→→ M.Ventzke ✱✱✱✱✱✱✱✱✱✱✱✱✱

Gerald Wiemers

Peter Ziesecke

50	51	52	53	54	55	56	57	58	59	60	61	62	63	64	65	66	67	68	69

Legende: ▮ Studium in der DDR ▮ Abbruch/Exmatrikulation → Arbeiter-und-Bauern-Fakultät (ABF)

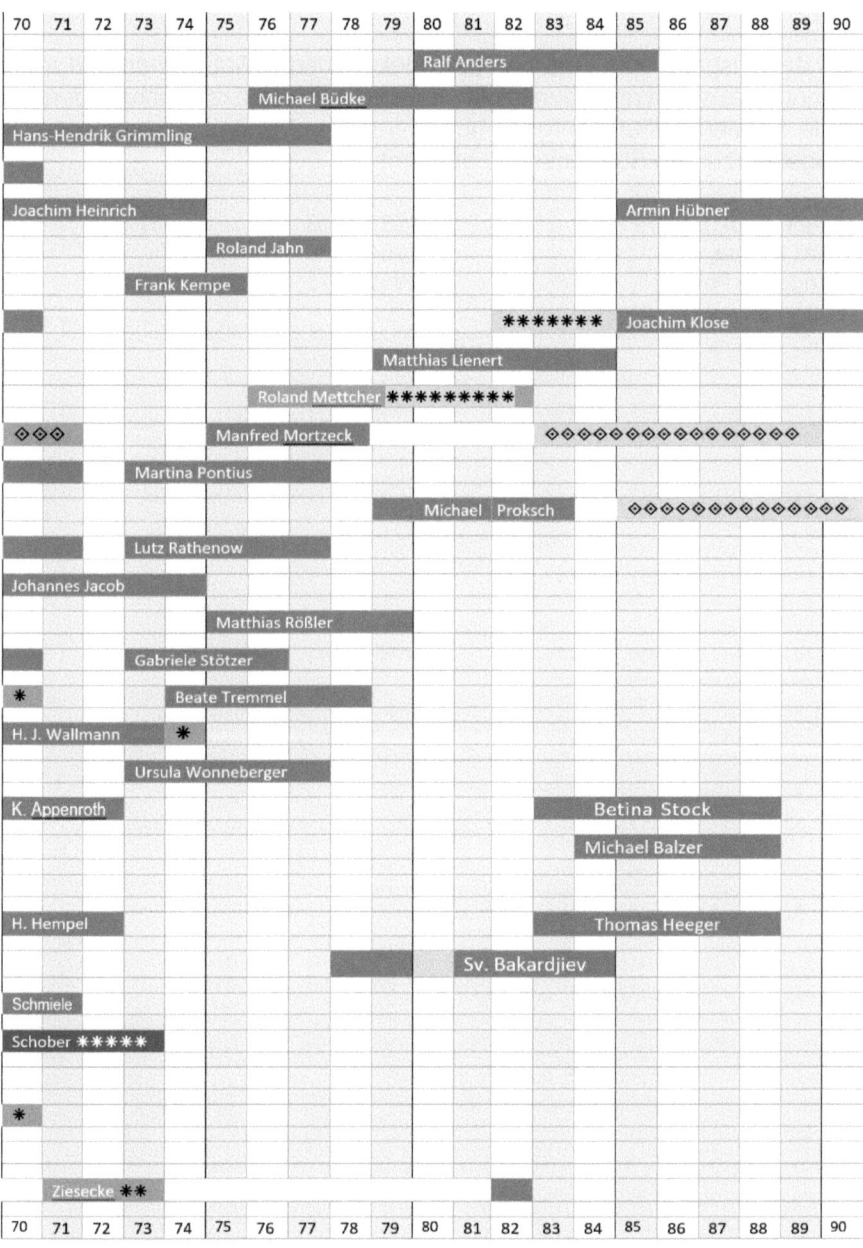

70	71	72	73	74	75	76	77	78	79	80	81	82	83	84	85	86	87	88	89	90

Ralf Anders

Michael Büdke

Hans-Hendrik Grimmling

Joachim Heinrich

Armin Hübner

Roland Jahn

Frank Kempe

✳✳✳✳✳✳✳ Joachim Klose

Matthias Lienert

Roland Mettcher ✳✳✳✳✳✳✳✳✳

◇◇◇ Manfred Mortzeck ◇◇◇◇◇◇◇◇◇◇◇◇◇◇◇◇

Martina Pontius

Michael Proksch ◇◇◇◇◇◇◇◇◇◇◇◇◇◇

Lutz Rathenow

Johannes Jacob

Matthias Rößler

Gabriele Stötzer

✳ Beate Tremmel

H. J. Wallmann ✳

Ursula Wonneberger

K. Appenroth

Betina Stock

Michael Balzer

H. Hempel

Thomas Heeger

Sv. Bakardjiev

Schmiele

Schober ✳✳✳✳✳

✳

Ziesecke ✳✳

70	71	72	73	74	75	76	77	78	79	80	81	82	83	84	85	86	87	88	89	90

Fortsetzung der Legende: ✳ Fernstudium in der DDR   ◇ Studium in der BRD/im Westen

69

Die bei der Ausgabe von 2025 neu hinzugekommenen Autorinnen und Autoren konnten aus Platzgründen nicht mehr alle in die Graphische Übersicht über die Studienverläufe aufgenommen werden. Sie sind deshalb hier mit den Angaben zu den Studienzeiten genannt:

Wolfgang Kupke,	1957-1963
Gerhard Kreysa,	1964-1970
Karl-Friedrich Pötter,	1965-1971

Autoren – Beitragstitel, Fundorte und zeithistorische Stichworte

Hinweise zum Verzeichnis der Autoren

Zur besseren Übersichtlichkeit wurden in den Tabellen einige Daten weggelassen und Abkürzungen verwendet. Wenn beispielsweise der Vermerk „Exmatrikulation" erscheint, ist damit eine Exmatrikulation ohne Abschluss gemeint. Die Gründe hierfür sind in den Beiträgen beschrieben. Typische Exmatrikulationsgründe waren Verhaftungen, staatliche Beschlüsse, Vorgaben oder institutioneller Druck, der durch Organisationen wie die FDJ oder die SED an den Hochschulen ausgeübt wurde.

Erläuterungen zu den Tabellenspalten:
- **Erste Spalte:**
  1. Unter dem Namen: Geburtsjahr.
  2. Unter dem Studienort: Immatrikulationsjahr an der Bildungseinrichtung.
  3. Falls kein Endjahr des Studiums angegeben ist, entspricht das Immatrikulationsjahr dem Regelabschlussjahr (Diplom).
- **Zweite Spalte:**
  Verweis auf den Band, in dem der zugehörige Beitrag enthalten ist.
- **Dritte Spalte:**
  Diese Spalte listet die Hauptstichworte der zeitgeschichtlichen Themen sowie gegebenenfalls Unterpunkte oder weitere thematische Schlagworte, die in den Beiträgen behandelt werden, sofern diese als zum Thema passend erachtet wurden.

Autoren – Beitragstitel/ Fundorte

Autor	Beitragstitel / Fundort	zeithistorische Stichworte
Anders, Falk, 1943 TU Dresden: 1962-1968 Diplom 1968, Promotion	**„Sagt Ihnen der Name Leonhard etwas?"** ▶ **Band 1**	**Politik und Staat/MfS** – Ideologische Patenschaften, – Staatssicherheit an der TU – Hochschulreform, Dritte 1968/69
Anders, Ralf, 1960 TU Dresden: 1980 Diplom 1985	**Anders als die anderen Kritik war erlaubt, aber bitte nicht politisch** ▶ **Band 2**	**Rahmenbedingungen/Exmatrikulation** - Gründe für Exmatrikulationen - Statistik – Ablauf des Verfahrens **Lehren und Lernen/studentische Ämter** - Seminargruppensekretär - Anforderungen und Handlungsspiel- räume **Politik und Staat/politische Ereignisse** - Kriegsrecht in Polen 1981 - studentische Reaktionen darauf
Appenroth, Klaus-J., 1948 FS-Uni Jena: 1967 Diplom 1972 Promotion 1978	**Die hochnotpeinliche Befragung ging gefühlt über zwei Stunden** ▶ **Band 2**	**Rahmenbedingungen** - Zulassung zur Promotion **Lehren und Lernen/Auslandsstudium** -Ausbildung zum Spion **Gesellschaft / Christen** **Politik und Staat / MfS**
Bakardjiev, Svetoslav, 1959 TU Dresden: 1978-1979 1981-1984 Diplom 1984	**Er fasste den Wahlzettel vorsichtig an, als wäre er kontaminiert, ...** ▶ **Band 2**	**Politik und Staat/politische Ereignisse** - Kriegsrecht in Polen 1981 - studentische Reaktionen darauf - Wahlmanipulation
Balzer, Michael 1963 TU Dresden 1984 Diplom 1972	**I come from Amerika** ▶ **Band 2**	**Studentenalltag – Humor** - wie sich mit dem Hinweis „I come from Amerika" alle Türen öffnen und Dinge möglich sind, die sonst nicht gehen wür- den. Trotz Abschottung, das Bedürfnis nach ein wenig verpöntem Westen und Country, eine lustige Posse nicht unge- fährlich
Beinhoff, Christian, 1943 BA Freiberg: 1961–1966 TU Clausthal: 1967–1968 Diplom 1968,	**Mit Mainelke im Knopf- loch in die erste Reihe des Audimax** ▶ **Band 1**	**Gesellschaft/soziale Herkunft** - Kinder von selbstständigen Unterneh- mern – Zukunftschancen in der DDR – Zugang zum Studium – Ausgereiste und Flüchtige (Statistik)

Promotion 1976		**Politik und Staat/Flucht/Ausreise** - Legale Ausreise nach dem Mauerbau – Familienzusammenführung - Freikäufe – Integration in der Bundesrepublik
Böhmer, Peter, 1941 TH/TU Dresden: 1959 Diplom 1965, Promotion 1971	**Ohne NVA-Dienst zum Studium – dank guter Ratgeber und Fürsprecher** ▶ **Band 1**	**Zugang zum Studium** **Gesellschaft/ Christen/ Wehrdienst**
Böhmer, Peter, 1941 TH/TU Dresden: 1959 Diplom 1965, Promotion 1971	**Wie ich einer Anwerbung der Stasi entkam.** **Dekonspiration als sicheres Schutzmittel** ▶ **Band 1**	**Politik und Staat/MfS**
Böttger, Martin, 1947 TU Dresden: 1965 Diplom 1970 Promotion 1982	**Wir verloren die FDJ-Mitgliedschaft, nicht aber unsere Studienplätze.** **Der FDJ-Sekretär warf uns mangelnden Klassenstandpunkt vor** ▶ **Band 2**	**Politik und Staat/FDJ/SED** - Satzungen der FDJ – politische Zielstellungen, - Einfluss und angestrebter Wirkungsbereich - FDJ-Organisation an den Hochschulen, - Mitspracherechte bei Hochschulthemen
Brink, Hans-Jürgen 1939 TH/TU Dresden: 1959 Diplom 1965 Promotion 1972	**Vom Fabriksaal ins Kellerzimmer – ein Aufstieg** ▶ **Band 1**	**Studentenalltag/Wohnen** - Wohnheime der Unis in der DDR - Ausstattung und Belegung – Kosten – Vergabe Richtlinien – Alternative Wohnmöglichkeiten, Wohnungsnot - Finanzierung des Studiums: Stipendien – Voraussetzungen für Vergabe von Stipendien – Zuverdienstmöglichkeiten **Lehren und Lernen/studentische Ämter** - Seminargruppensekretär – FDJ-Sekretär Aufgaben – Bedeutung – Handlungsspielräume
Brink, Hans-Jürgen, 1939 TH/TU Dresden: 1959 Diplom 1965 Promotion 1972	**Schwejk in der NVA – Ungeschick oder Verweigerung?** ▶ **Band 1**	**Gesellschaft/Wehrdienst** – NVA-Werbeversuche im Vorfeld des Studiums – wo waren die Ausbildungslager – Beförderungen aus der Studentenschaft – Werbungen für Schulen der NVA – Bedeutung Westverwandtschaft **Lehren und Lernen/studentische Ämter** Seminargruppensekretär – FDJ-Sekretär Aufgaben – Bedeutung – Handlungsspielräume

Büdke, Michael 1952 MLU-Halle-Wittenberg: 1976 Diplom 1982 Promotion 1987	**Ein Kommilitone hatte auf der Leipziger Messe ein Westbuch gestohlen** ▶ Band 2	**Rahmenbedingungen / Zugang zum Studium** – Zulassung zum Medizinstudium – Eingaben an Behörden **Rahmenbedingungen/Studienablauf** – Zugang zu westlicher Fachliteratur – Rezeption bundesdeutscher Forschungsergebnisse in der DDR – dt.-dt. wissenschaftlicher Austausch - Gastredner/ Gastwissenschaftler aus der Bundesrepublik in der DDR
Clemens, Heinz 1926 TH Dresden: 1950 Diplom 1959 Promotion 1970	**Jede Rübe ein Meilenstein auf dem Wege zum Sozialismus"** ▶ Band 1	**Studentenalltag/Ernteeinsatz/Humor** - Ernteeinsatz
Dalpke, Hanns-Lutz 1937 TH Dresden 1956–1959 TH Darmstadt: 1965–1969 Diplom 1969 Promotion 1973	**In Dresden benutzte man die eigenen Füße, die Straßenbahn oder das Fahrrad** ▶ Band 1	**Politik und Staat / FDJ/ SED/ GST** - Breitenwirkung der GST - Aktivitäten der FDJ - Mitarbeit der Studenten - Zusammenwirken dieser Organisationen **Studentenalltag, Reisen** Informationsmöglichkeiten - Teilhabe an westlicher Kultur – Besuche in West-Berlin - Empfang von westlichem Rundfunk und Fernsehen
Dalpke, Hanns-Lutz 1937 TH Dresden: 1956–1959 TH Darmstadt: 1965–1969 Diplom 1969 Promotion 1973	**Höhere Bildung – ein Privileg der Arbeiter- und Bauernkinder** ▶ Band 1	**Rahmenbedingungen / Zugang zum Studium** Wie änderten sich die Zulassungsbedingungen zwischen 1945 – 1989 an den Schulen – EOS – Ing.-Schulen – Hochschulen/Universitäten – ABF
Deick, Hubertus 1935 TH Dresden: 1953–1958 Darmstadt 1958–1960 Diplom 19610	**1958 zog das System die Daumenschrauben enger** ▶ Band 1	**Gesellschaft / Wehrdienst** **Studentenalltag / Reisen** **Politik und Staat -** Flucht und Ausreise, die noch offene Grenze in Berlin, Treffen anderer Kommilitonen im Westen, Anerkennung von Zeugnissen
Fieseler, Berthold 1932 TH Dresden: 1953–1957 TH Hannover: 1959–1961 Diplom 1961	**Vor dem Abitur wurde ich zum Schuldirektor beordert oder Warum ich von Ost nach West ging** ▶ Band 1	**Rahmenbedingungen/ Zugang zum Studium** Mitgliedschaft in FDJ/SED Voraussetzung für den Zugang zum Studium Anfang der 50er Jahre? Hat sich dies über die Jahre geändert? **Politik und Staat/ FDJ/ SED/ Flucht/ Ausreise** vor dem Mauerbau: Umgang

		der Bundesrepublik mit den Flüchtlingen; Gegenmaßnahmen der DDR vor dem Mauerbau; die Rolle Berlins bei der Flucht in die Bundesrepublik
Franke, Günter 1942 TU Dresden: 1962 Diplom 1968 Promotion 1972	**Formen psychischen Drucks an der TU Dresden** ▶ **Band 1**	**Lehren und Lernen/ Assistenzzeit** Anforderungen für Assistentenstellen, Promotionen an Unis/Prämissen ... **Politik und Staat /MfS** Anpassungsdruck auf Assistenten, Bedeutung der Linientreue für die Karriere – Möglichkeiten, dem Druck und der Anpassung auszuweichen
Franke, Günter 1942 TU Dresden: 1962 Diplom 1968 Promotion 1972	**Ich konnte studieren, nachdem ich unterschrieben hatte mit: „Nur im Ernstfall"** ▶ **Band 1**	**Gesellschaft/Wehrdienst** Studium und Militärdienst, – Rekrutierungsmethoden vor Einführung der allgemeinen Wehrpflicht 1962 – Reservelehrgänge – Wehrdienstverweigerung
Friese, Wolfgang 1935 TH Dresden: 1953–1955 TU Berlin-West: 1955–1963 Diplom 1963	**„F. war Mitglied des DS, der FDJ, DSF und GST, leistete aber keine dementsprechende Arbeit"** ▶ **Band 1**	**Politik und Staat / Flucht / Ausreise** Flucht von Studenten – Aufnahmeregeln an westdeutschen Unis für geflüchtete Studenten – Situation in Berlin (Hörer in beiden Teilen Berlins – viele hörten an beiden Universitäten HU + FU/TU Berlin)
Gebauer, Lothar 1943 TU Dresden: 1963 Diplom 1969	**Eine Geburtstagskarte als Anwesenheitskontrolle** ▶ **Band 1**	**Politik und Staat / politische Ereignisse** Besuch hoher Politiker: Besuch Ulbrichts – Empfang durch Studenten – Vorbereitungen darauf
Gebauer, Lothar, Dipl.-Ing. 1943 TU Dresden: 1963 Diplom 1969	**Das Ende der ET-Fine an der TU Dresden 1968** ▶ **Band 1**	**Lehren und Lernen / Dozenten** **Studentenalltag / Humor**
Gebauer, Lothar 1943 TU Dresden: 1963 Diplom 1969	**„Man könne mich leider nicht zum Studium delegieren, da mir dazu die menschliche Reife fehle ..."** ▶ **Band 1**	**Rahmenbedingungen / Zugang zum Studium** Wie änderten sich die Zulassungsbedingungen zwischen 1945 – 1989 an den Schulen – EOS – Ing.-Schulen – Hochschulen / Universitäten – ABF. **Rahmenbedingungen / Studienablauf** – Hochschulreform, (Vierte) 1970: „Es gibt keine Fakultäten mehr, es sind Sektionen entstanden."

Glöde, Guntram, **Dipl.-Ing.** 1944 TU Dresden: 1965 Diplom 1970	**„Wissen Sie nicht, dass** **dies ein konterrevolutio-** **näres Machwerk ist?"** ▶ **Band 2**	**Studentenalltag / Reisen** Reisen von Studenten in die ČSSR **Politik und Staat/politische Ereignisse** Veränderungen an den Unis in Bezug zu den Ereignissen 1968 in der Tschechoslo- wakei
Grimmling, Hans- **Hendrik** 1947 HS für Grafik und Buch- kunst Leipzig: 1970 Diplom 1974	**Die Hochschulkommis-** **sion konnte in meinen** **Bildern die Bindung an** **die sozialistische Arbei-** **terklasse nicht finden** ▶ **Band 2**	**Lehren und Lernen/Dozenten / Vorle-** **sungen / Studentenalltag / Humor** **Politik und Staat** Verständnis der SED, Kultur als Teil des politisch-ideologischen Überbaus
Grimmling, Hans- **Hendrik** 1947 HS für Grafik und Buch- kunst Leipzig: 1970 Diplom 1974	**„Was machen Sie hier** **draußen, haben Sie** **nichts zu tun?"** Erinnerungen an Rektor Tübke, Hochschule für Gra- fik und Buchkunst Leipzig ▶ **Band 2**	**Lehren und Lernen/** **Dozenten/Vorlesungen** **Studentenalltag / Humor** **Politik und Staat** - Kulturpolitik in der DDR
Hardtke, **Hans-Jürgen,** 1944 TU Dresden: 1963 Diplom 1969 Promotion 1977	**Neue Studenten empfin-** **gen wir im Blauhemd der** **FDJ** ▶ **Band 1**	**Lehren und Lernen/** Dozenten/Vorlesungen Studentenalltag/Wohnen **Politik und Staat** / politische Ereignisse
Härtig, Otto 1940 TU Dresden: 1959 Diplom 1966	**Was es bedeutet, wenn** **man eine Prüfung nicht** **bestand.** ▶ **Band 1**	**Rahmenbedingungen** - Studienablauf Notensystem an DDR-Universitäten
Heeger, Thomas 1961 TU Dresden: 1983 Diplom 1988	**„Als Sie sich beworben** **haben, war das Semes-** **ter 1983 sozusagen** **schon ausgebucht und** **vergeben."** ▶ **Band 2**	**Rahmenbedingungen / Zugang zum** **Studium** - Studienplatzvergabe nach Wunsch?
Heinrich, Joachim 1952 FS-Universität Jena: 1970 Diplom 1974 Promotion 1982	**Warum viele Katholiken** **in der DDR Mathematiker** **wurden** ▶ **Band 2**	**Gesellschaft / Christen** Christen in der DDR: Gab es sogenannte Nischen für Christen – Tolerierung durch den Staat – Positionen der Kirche
Hempel, Hartmut 1949 TU Dresden 1968 Diplom 1972	**Er kam herein und lies** **sich von einem Studen-** **ten dessen letzte Vorle-** **sungsmitschrift zeigen...**	**Studentenalltag / Humor** Wie feierten die Absolventen ihre Ab- schlüsse,

		Rahmenbedingungen /Studienablauf – verkürzte Studienzeiten nach der 3. HS-Reform
	▶ Band 2	
Henke, Hartmut E., 1944 TU-Dresden: 1962 Diplom 1968 RWTH-Aachen: 1970–1971	„Wer noch an Gott glaubt, der stehe bitte auf!" ▶ Band 1	**Politik und Staat / politische Ereignisse / politische Haft / Flucht / Ausreise** – NÖS (Das neue ökonomische System) – was war das? – „Schwerter zu Pflugscharen", woher kommt dieser Spruch? – Internationaler Studentenausweis, viele Studenten besorgen sich diesen Ausweis in Prag – Einfluss der Prager – zunehmende Unruhen, vermehrte Verhaftungen – der SED-Staat verlor an Unterstützung **Gesellschaft / Wehrdienst** – Niederschlagung des Prager Frühlings und Wehrdienstverweigerung in der DDR
Herrmann, Günter 1933 TH/TU Dresden: 1951 Diplom 1958 1970 Promotion	Ich wurde innerhalb der Seminargruppe als Nicht-FDJ-Mitglied „toleriert" ▶ Band 1	**Lehren und Lernen/** **Dozenten /Vorlesungen** ML-Vorlesungen
Herrmann, Günter, 1933 TH/TU Dresden: 1951 Diplom 1958 1970 Promotion	Italienisches Intermezzo ▶ Band 1	**Studentenalltag / Reisen** Reisen als Student im westlichen Ausland
Heyde, Klaus 1942 ABF Dresden: 1961–1964 TU Dresden: 1966–1971 Diplom 1971	In Moskau ein Studium beginnen … Mir war's Verlockung, aus der DDR mal rauszukommen ▶ Band 1	**Lehren und Lernen / Auslandsstudium** Auslandsstudium in der UdSSR – wie viele Studenten aus der DDR studierten dort? Welche Motivation/ Ziele individuell und staatlicherseits gab es?
Hönisch, Gerhard 1932 TH Dresden: 1951 Diplom 1956 Promotion 1963	Von persönlicher Benachteiligung bis Sippenhaftung Disqualifizierung und Benachteiligung in der Regie der SED und Stasi ▶ Band 1	**Politik und Staat / FDJ / SED / MfS** Gesellschaft / Übergang in den Beruf
Höfgen, Christian 1943 TU Dresden: 1964 Diplom 1971	Zwänge und Chancen als Student und wissenschaftlicher Assistent ▶ Band 2	**Rahmenbedingungen / Zugang zum Studium** Zugang zum Studium nach versuchter Republikflucht – Überwachung – Karrierechancen **Lehrern und Lernen / Assistenzzeit**

		Assistenzen und gesellschaftliche Organisationen, Struktur SED – Nicht SED im universitären Bereich, Laufbahnplanungen an Universitäten
Hübner, Armin 1962 TU Dresden: 1985 Diplom 1990	**„Herr Hübner, wollen Sie mich umbringen?"** **Reise nach Hamburg zur Hochzeit meiner Cousine** ▶ **Band 2**	**Studentenalltag / Reisen** Westreisen von Studenten – Reisen in den Ostblock
Hübner, Armin 1962 TU Dresden: 1985 Diplom 1990	**Teilnahme am Kultur-** **wettstreit der TU Dres-** **den – 1986 und 1987** ▶ **Band 2**	**Studentenalltag / Humor** studentische Kultur zwischen Gängelung und Protest
Jacob, Johannes 1945 TU Dresden: 1969–1972 Forschungsstudium Promotion 1974	**Forschungsstudium** **statt Diplom** ▶ **Band 2**	**Rahmenbedingungen / Studienablauf** **Lehren und Lernen** / Assistenzzeit Regeln für Promotionsverfahren – Auswahl der Studenten – Festlegung des Themas – finanzielle Situation – Zusammenarbeit Universitäten und Industrie
Jahn, Roland 1953 Friedrich-Schiller-Universität Jena: 1975 1977 Exmatrikulation	**„Mach dir keine Sorgen,** **Roland, wir stehen zu dir** **…"** ▶ **Band 2**	**Politik und Staat / MfS** Opposition in Jena – Dokumente des MfS über die dortige Situation – Junge Gemeinde und Gründung der „Friedensgemeinschaft Jena"
Jork, Klaus 1937 Humboldt Universität Berlin: 1956–1958 Johannes Gutenberg Universität Mainz: 1958–1962 Staatsexamen 1962 Promotion 1965	**„Wir sind der Meinung,** **dass der Student Jork** **mit seinen Äußerungen** **die Rechtsprechung un-** **seres Staates anzwei-** **felt"** **Als bekennender Christ und Wehrdienstverweigerer für ein Medizinstudium untragbar** ▶ **Band 1**	**Gesellschaft / Christen** **Politik und Staat** / FDJ/SED/MfS Personen der DDR-Kirche und ihre Stellung zur und in der DDR – Schmutzler – Grüber – Dibelius … Oder wie organisierte die FDJ / Parteileitung / MfS derartige „Schaudiskussionen"? Andere Universitäten? Ähnliche Vorgänge
Jork, Rainer 1940 TH/TU Dresden: 1959 Diplom 1965 TH Ilmenau: Promotion 1974	**Über Umwege zum Stu-** **dium, um der „Sippen-** **haftung" zu entgehen** ▶ **Band 1**	**Politik und Staat / Flucht/Ausreise** Abwanderung von Studenten durch Flucht - Reaktion der Hochschulen auf Flucht – Situation in den 80er Jahren – Ausreiseanträge von Studenten und Dozenten **Gesellschaft / soziale Herkunft** Ideologie und Praxis – Bedeutung für Zugang zum Studium und späteren Lebensweg – Sippenhaft – Lebenswege von Kindern aus der Intelligenz

Jork, Rainer 1940 TH/TU Dresden: 1959 Diplom 1965 TH Ilmenau: Promotion 1974	**Maschinenbaustudium an der TH/ TU Dresden** **Frei nach Karl Marx: Das Sein formt das Bewusstsein** ▶ **Band 1**	**Rahmenbedingungen / Zugang zum Studium** Auswahlkriterien, Prämissen dafür, soziale Struktur der Studenten und Sonderregelungen für bestimmte Personengruppen **Studentenalltag / Reisen** Studentenaustausch mit sozialistischen Ländern, Reisen
Jork, Rainer 1940 TH/TU Dresden: 1959 Diplom 1965 TH Ilmenau: Promotion 1974	**Als trampender Student unterwegs nach dem noch nicht vereinten Berlin** **Ich wurde belehrt, dass Trampen auf der Autobahn nach Berlin verboten sei.** ▶ **Band 1**	**Studentenalltag / Reisen** Ausflüge von DDR-Studenten nach West-Berlin – Kontakte zwischen DDR-Studenten und DDR-Unis zu Westberlin – Trampen in der DDR
Keller, Reinhard 1945 TU Dresden: 1964 Diplom 1970	**„Als Parteiloser werden Sie immer am Katzentisch sitzen müssen."** **„Sie können sich nur als Fachmann unentbehrlich machen."** ▶ **Band 2**	**Rahmenbedingungen / Exmatrikulation** Statistik und Wertung über die Quote der Absolventen - Studienabbrecher Direktstudium / Fernstudium – gab es Wechsel zu Ingenieurschulen? **Studentenalltag / Humor** Möglichkeiten und Grenzen für Studenten, politische Distanz oder Kritik auszudrücken – Folgen für Karriere **Dozenten / Vorlesungen** Rolle der Dozenten beim Aufbau politischen Drucks, Kontrolle des Wohlverhaltens der Studenten – politische Spielräume der Dozenten, Studenten zu fördern
Kempe, Frank 1948 Kunsthochschule Dresden: Gasthörer 1973–1975	**Als Gasthörer an der Hochschule für Bildende Künste in Dresden.** **„Einer geregelten Arbeit ging er nicht mehr nach"** ▶ **Band 2**	**Rahmenbedingungen / Zugang zum Studium** - Zugang zum Studium an der Kunsthochschule – Auswahlkriterien **Lehren und Lernen** / Dozenten / Vorlesungen - Lehrbetrieb an der Kunsthochschule – Freiheiten **Gesellschaft / Nischen** Die Enteignung der Dresdener Kunsthändler – das Wirken und Geschäfte Schalk-Golodkowskis im Ministerium für Außenhandel
Klose, Joachim 1964 FS Theologie: 1982–1984 TU Dresden: 1985–1990 Diplom 1990	**Fachprofessoren wurden verpflichtet mit mir „Erziehungsgespräche" zu führen** ▶ **Band 2**	**Politik und Staat / MfS** Kontrolle und Verfolgung nicht systemtreuer Studenten – Ziele des MfS – „Gehirnwäsche vor Wahlen" **Studentenalltag / Solidarität**

Hochschulen in München und USA 1990–1997 Promotion 1997		Solidarität der Kommilitonen mit unangepassten Studenten – Gefährdung der eigenen Karriere
Knoblauch, Günter, 1940 ABF-TH Dresden: 1959–1962 TU Dresden: 1962–1966 Exmatrikulation FS TU Dresden: 1968–1970 Diplom 1970	**„Der Klassenfeind sitzt auch in Ihren Reihen …".** **Wer ist hier in der Partei? – Der hebe die Hand!** ▶ **Band 1**	**Rahmenbedingungen / Zugang zum Studium / ABF** ABF Funktion, Auswahlkriterien, Prämissen - soziale Struktur der Studenten und Sonderregelungen für bestimmte Personengruppen **Lehren und Lernen / Dozenten / Vorlesungen** ML-Vorlesungen
Knoblauch, Günter **1940**	**Vertrauliche Verschluss-sache – MfS 008-Nr.** 63/68 **Ein Dokument des MfS** ▶ **Band 2**	**Politik und Staat / MfS** Anweisungen zur Ausspähung und Überwachung von Studenten und Dozenten, Anwerbung von IM und Zersetzung im Lehrkörper - Besetzung von Positionen
Knoblauch, Günter, 1940	**Kollektivierung der Landwirtschaft – wir Studenten waren dabei** ▶ **Band 1**	**Studentenalltag / Ernteeinsatz** Ernteeinsätze der Studenten, warum **Staat und Politik / politische Ereignisse** Kollektivierung der Landwirtschaft, Bewertung, Bauernflucht in den Westen
Knoblauch, Uta, 1940 HU Berlin: 1964, Diplom 1968	**Eigentlich lief mein Studium ganz normal ab.** **Ein Rückblick anhand der Stasiakten** ▶ **Band 2**	**Rahmenbedingungen/** Zugang zum Studium **Studentenalltag / Solidarität** **Politik und Staat** / MfS – Überwachung und Kaderakte Arbeitsplatzzuweisung
Kobe, Sigismund, 1940 TH/TU Dresden: 1960 Diplom 1965 Promotion 1971	**Das Jahr 1989 – das Ende parteipolitischer Einflussnahme der SED an der TU Dresden** ▶ **Band 1**	**Lehren und Lernen/** Dozenten / Vorlesungen **Politik und Staat / politische Ereignisse** Kommentierung: politische Entwicklung an den Hochschulen 1945 bis 1989
Krause, Gisela 1940 TU Dresden: 1959 Diplom 1965	**Als junge Frau einen technischen Beruf zu ergreifen, war für mich nichts Absonderliches** ▶ **Band 1**	**Rahmenbedingungen / Zugang zum Studium** Anteil der Studentinnen an den Unis – offizielle Politik der SED in diesem Punkt? – Förderung und Unterstützung von Studentinnen?
Kreysa, Gerhard 1945 TU Dresden 1964 Promotion 1970	**Professoren der Weltklasse - das Kreuz mit dem Marxismus** ▶ **Band 2**	**Studentenalltag / Solidarität** Gemeinsames Handeln mit SED- Studenten, Bewältigung des Studienpensums, **Lehren und Lernen** ML-Vorlesungen, Einfluss der ML-Prüfung auf den Gesamtabschluss

Kuhlmann, Bernd Jahrgang 1940 Hochschule für Ver- kehrswesen Dresden: 1959 1962 Exmatrikulation 1965 Diplom	**Studienerlaubnis ohne** **Begründung entzogen.** **Vormilitärische Ertüchti-** **gung – verpflichtender Be-** **standteil des Studiums** ▶ **Band 1**	**Rahmenbedingungen/Exmatrikulation** Exmatrikulationen scheinen hier im größe- rem Umfang erfolgt zu sein – gibt es da eine Aufarbeitung? – Gibt es Regeln über die Beschlussfassung zur Exmatrikula- tion? War die Fortsetzung des Studiums als Fernstudium eine gängige Alternative oder die Ausnahme?
Kupke, Wolfgang 1939 TH/TU Magdeburg 1957-1963 Diplom 1963	**„Ich komme von der** **Hochschulleitung der** **FDJ ..."** ▶ **Band 1**	**Rahmenbedingungen / Exmatrikulation** Einfluss von ML-Dozenten auf Studienver- lauf, **Politik und Staat** Exmatrikulation und Beziehungen auf SED-Ebene
Leidhold, Hans-Peter 1934 BA Freiberg: 1952–1953 KMU Leipzig: 1953–1959 Diplom 1959 Promotion 1983	**Betreuungsnotstand** **durch „Republikflucht"** **im Lehrkörper.** **Erlebnis- und Erfahrungs-** **bericht an der BA Freiberg** **und der Universität Leipzig** ▶ **Band 1**	**Studentenalltag / Reisen** Reiseverkehr nach der BRD bis 1955 und ab 1955 (Änderungen), wie und welche Möglichkeiten gab es und wie wurden sie von Studenten „genutzt"?
Lienert, Matthias 1955 HU Berlin: 1979 Diplom 1984 Promotion	**„Ihr habt die Bildung** **und wir haben das Geld** **und die Freiheit".** **Soziale und politische Im-** **pressionen aus der Studien-** **zeit** ▶ **Band 2**	**Rahmenbedingungen/** **Zugang zum Studium** Verweigerung des Studiums bei politi- scher Unangepasstheit - internationale Anerkennung von DDR - Studienabschlüs- sen **Lehren und Lernen / Dozenten / Vorle-** **sungen** politische Ökonomie – Vorlesungsstoff und tägliche Realität – Widersprüche – Umgang mit Theorie und Praxis
Lienert, Matthias 1955 HU Berlin: 1979 Diplom 1984 Promotion	**Um nicht aufzufallen,** **drückten die sowjeti-** **schen Studenten jedem** **eine druckfrische** **Prawda in die Hand.** ▶ **Band 2**	**Politik und Staat / politische Ereignisse** Veränderungen an den Unis in den 1980er Jahren, Aufbrechen überkomme- ner Denkmuster angesichts ... – **Studentenalltag / Reisen** Studentenaustausch in den 1980er Jah- ren, welchen Einfluss hatte dies auf ge- sellschaftliche Wahrnehmungen – Diskus- sionen hierzu in Studentenkreisen
Linke, Wilfried Einführung von Günter Knoblauch	**„Sieben unverblümte** **Äußerungen über** **Bekanntes"** ▶ **Band 2**	**Sonderseiten/ Kommentar** **Rahmenbedingungen / Exmatrikulation** **Lehren und Lernen /** Praktikum / Semi- nare **Politik und Staat /** MfS

Lunkwitz, Klaus 1937 TH/TU Dresden: 1955 Diplom 1961 Promotion 1966	**Hervorragende fachliche Leistungen allein genügen nicht** ▶ **Band 1**	**Lehren und Lernen / Dozenten** Einfluss der SED und Veränderungen im Lehrkörper der TU Dresden – gab es Bevorzugung von SED-Mitgliedern bei der akademischen Laufbahn? – Statistik über die Jahre 1948 – 1989? – politischer Spielraum von Professoren – wie lange waren politisch kritische Professoren in ihren Ämtern? – Einfluss aufgrund fachlicher Brillanz? – fachlicher Austausch mit westdeutschen / ausländischen Universitäten **Rahmenbedingungen / Studienablauf** Auswirkungen der Hochschulreformen (besonders die 3.) auf die politische Ausrichtung der Struktur / Institute? **Gesellschaft / Übergang** in den Beruf Politische Distanz als Karrierehindernis
Markert, Matthias, 1943 TU Dresden: 1962 Diplom 1968	**Bei meiner Geradlinigkeit würde ich wieder anecken** ▶ **Band 1**	**Gesellschaft / Christen**/ Nischen Theologiestudium als Alternative **Gesellschaft /** Wehrdienst / Bausoldaten **Lehren und Lernen** / Assistenzzeit / Promotion / Einfluss von SED und MfS
Mettcher, Roland 1949 TU Dresden: Fernstudium 1976–1982 Diplom 1982	**Arbeit und Fernstudium zusammen waren eine hohe Belastung** ▶ **Band 2**	**Rahmenbedingungen / Fernstudium** FS in der DDR – wirtschaftliche Aspekte – Niveau des Fernstudiums – FS als Alternative für nichtlinientreue Studierwillige? **Gesellschaft / Übergang in den Beruf** Umwege zum Studium – Delegierung durch den Betrieb **Lehren und Lernen / Dozenten /** Vorlesungen - Bedeutung des Faches ML für den Studienabschluss und die Karriere – Inhalte des Faches – Zielsetzung
Mey, Roland 1942 FSU Jena: 1960 Diplom 1965	**Für zwei Stunden im Hörsaal eingesperrt** „Wie lange noch lehrt ein NATO-Professor an unserer Friedrich-Schiller-Universität?" ▶ **Band 1**	**Lehren und Lernen / Studenten / Vorlesungen** **Politik und Staat / MfS/ politische Ereignisse -** Umgang mit politisch kritischen Hochschullehrern – wie viele Hochschullehrer verließen die DDR? – wie wurden Studenten auf den Kurs der Partei eingeschworen? – studentische Solidarität mit Hochschullehrern
Mey, Roland 1942 FSU Jena: 1960 Diplom 1965	**„Gebt diesem ‚Ingenieur' ein Telefon und kein Papier!"** Als Ingenieurschullehrer die „einzig wissenschaftliche	**Studentenalltag / Humor** Umgang mit den Widersprüchen in der DDR – Humor als Ventil – die Funktion der politischen Witze

	Weltanschauung" mit Humor erleidbar gestalten ▶ Band 1	
Meyer, Christian, 1936 TU Dresden: 1954–1958 TU Hannover: 1958–1961 Bauing. Examen 1961 Promotion 1973	**„Zweifel an der führenden Rolle der Partei"** ▶ **Band 1**	**Lehren und Lernen / Dozenten** politische Rolle der Dozenten – Einflussnahme auf Studenten im Sinne des Staates **Staat und Politik / FDJ/ SED** Studentenverbände, Studentenvertretung an den Universitäten, studentische Mitsprache
Mortzeck, Manfred 1948 PH Erfurt: 1975 1978 Exmatrikulation FU Berlin (-West): 1983–1989 Magister 1989	**Eigeninitiative als Stolperstein. Du sollst nicht aus der Reihe tanzen!** ▶ **Band 2**	**Rahmenbedingungen / Exmatrikulation** **Lehren und Lernen / Praktikum / Seminare** **Studentenalltag / Solidarität** **Gesellschaft / soziale Herkunft**
Müller, Christian 1935 ABF TH Dresden: 1954–1958 TH/TU Dresden: 1958–1962 Diplom 1962	**Es gab einige Leute, die meine Exmatrikulation durchsetzen wollten** ▶ **Band 1**	**Rahmenbedingungen / ABF / Exmatrikulation** Wie „straff" war die Organisation und Kontrolle der Studenten? – Reglementierung des Studiums und Disziplinierung der Studenten durch Rahmenzeitplan - Auswirkungen auf Studierende und Aspiranten? **Politik und Staat / politische Ereignisse** Politische Lage – EVG-Verträge – KVP (Kasernierte Volkspolizei)
Otto, Ulrich 1937 TH/TU Dresden: 1956 Diplom 1962	**Aus dem Alltag eines Bauingenieur-Studenten in Dresden** – aufgelesen aus Briefen ▶ **Band 1**	**Lehren und Lernen / Dozenten / Vorlesungen** **Studentenalltag / Wohnen** **Politik und Staat / politische Ereignisse**
Petzholtz, Wilhelm 1942 TH/TU Dresden: 1960 Diplom 1966	**„Die Kirche hat kein Monopol auf Türme"** ▶ **Band 1**	**Rahmenbedingungen / Zugang zum Studium** Soziale Voraussetzungen für Zulassung zum Studium, Arbeiter- und Bauernkinder, Angestelltenkinder wurden zurückgesetzt, Sonderreglungen für Kinder der sogenannten Intelligenz
Pontius, Martina 1954 PH Erfurt: 1973 Diplom 1977	**Es herrschte eine Atmosphäre der Angst und Beklemmung** ▶ **Band 2**	**Rahmenbedingungen / Exmatrikulation** **Politik und Staat** / FDJ/SED/MfS/ - politische Ereignisse **Lehren und Lernen /** Dozenten/Vorlesungen

Pontius, Martina Stötzer, Gabriele	Die Zerschlagung des studentischen Wider- stands an der PH Erfurt ▶ Band	Sonderseiten/ Kommentar Politik und Staat/ MfS zeithistorischer Kommentar
Pötter, Karl-Friedrich 1946 TU Dresden: 1965 Diplom 1971 Promotion	„Warum ist Walter Ulbricht gerade in Ägypten?" ▶ Band 2	Rahmenbedingungen / ML-Leistungen als fachliche Vorausset- zungen für eine Promotion, Studentenalltag / Humor Wie wurden die GST-Ausbildungskurse gesehen und er- lebt?
Preuß, Hans-Joa- chim 1932 TH Dresden1952 Diplom 1956	„Wir werden verhindern, dass du zum Studium kommst" ▶ Band 1	Rahmenbedingungen /Zugang zum Studium / Dozenten, Vorlesungen, Wohnheim Politik und Staat / – Flucht und Ausreise,
Proksch, Michael 1958 TH Karl-Marx-Stadt: 1979 HS Musik Dresden: 1982 Klavierstudium	Von der Grundschule zur Hochschule – wie über Jahre hinweg psychi- sche Deformationen ent- standen ▶ Band 2	Politik und Staat / FDJ/SED/MfS – Indoktrination in Schulen, - repressive Maßnahmen – zwischen Abwehr und An- passung – Kontrolle der politischen Einstellungen von Schülern
Proksch, Michael 1958 TH Karl-Marx-Stadt: 1979 HS Musik Dresden 1982 Klavierstudium	Ich erlebte die Militarisierung des öffentlichen Lebens ▶ Band 2	Gesellschaft / Wehrdienst Anwerbung von Studenten als Reserveof- fiziere in den 80er Jahren – Wehrdienst für Frauen – Reaktionen auf die Friedensbewegung in Westdeutsch- land – Militarisierung des öffentlichen Le- bens Politik und Staat / politische Ereignisse - Wettrüsten in den 70er-/80er Jahren – NATO-Doppelbeschluss 1979
Rath, Fritz 1938 TH/TU Dresden: 1956 Diplom 1962 Promotion 1989	Wir studieren, um zu leben – wir leben nicht, um zu studieren ▶ Band 1	Studentenalltag / Reisen Reisen zu DDR Zeiten – Fenster Westber- lin – Flüge über FU-Berlin –Passaustel- lung für DDR-Bürger im Westen
Rathenow, Lutz 1952 FS-Universität Jena: 1973–1977 1977 Exmatrikulation 1992 Rehabilitation und Diplomverleihung	Warum wollte ich eigentlich studieren? ▶ Band 2	Politik und Staat / politische Ereignisse Ziele und Vorgaben der Personalüberprü- fungen an ostdeutschen Hochschulen (Dresden/Leipzig) – Ergebnisse dieser Arbeit

Rößler, Matthias 1955 TU Dresden: 1975 Diplom, 1979 Promotion 1983	**Das Jahr 1989** **– der Aufbruch aus der** **Sicht des akademischen** **Mittelbaus** ▶ **Band 2**	**Politik und Staat / Politische Ereignisse** **/ Kommentar** Der akademische Mittelbau sucht eine po- litische Orientierung – Widerstand der al- ten politischen Strukturen – Verhalten der TU-Studenten 1989 – Selbstreinigungs- prozess und Autonomie an der TUD
Rößler, Matthias 1955 TU Dresden: 1975 Diplom, 1979 Promotion 1983	**Ich sei kein geeigneter** **Nachwuchskader, ...** ▶ **Band 2**	**Rahmenbedingungen / Studienablauf** Zugang zum Studium – Chancengleichheit – die technische Intelligenz in der DDR **Politik und Staat / - die Kaderpolitik an** den Hoschschulen
Rößler, Matthias	**Die Erneuerung der** **Hochschulen zwischen** **1989 und 1993** **in Sachsen** ▶ **Band 2**	**Politik und Staat /Sonderseiten / Kom-** **mentar** **Rahmenbedingungen** zeithistorischer Kommentar
Schmiele, Joachim 1949 TU Dresden: 1967 1971 Diplom TH Leipzig: Promotion 1986	**Studentische Amateur-** **funker versuchen Über-** **tragung von Radio Prag** **über Heizungssystem** ▶ **Band 2**	**Rahmenbedingungen / Studienablauf** Die 3. Hochschulreform als Reaktion auf den Prager Frühling – Folgen der 3. Hoch- schulreform für die Studenten **Politik und Staat / FDJ/SED / politische** **Ereignisse** Reaktionen der DDR-Studenten auf den Prager Frühling und der Umgang der SED-Führung damit; Niederschlag in Stasiakten
Schober, Helmar 1941 TH/TU Dresden: 1968 Fernstudium Diplom 1973	**Fernstudium – jeder** **musste auf viel** **Persönliches verzichten** ▶ **Band 2**	**Rahmenbedingungen / Fernstudium** – Qualität – Abschlussquote – Statistik: Anzahl der Fernstudenten, Erfolgsquote, Anteil an allen Studenten – Motive für ein Fernstudium – Förderung durch den Staat
Schwinkowski, Kurt 1936 TH Dresden: 1957 Diplom 1963 TH Merseburg, Promotion 1983	**Sie haben sich mir als** **Angehörige der** **Volkspolizei vorgestellt** ▶ **Band 1**	**Politik und Staat / MfS** Anwerbung von Studenten durch das MfS – Druckmittel – Verhalten von Studenten – Situation 1989 an der TU – Arbeit der MfS-Außenstelle – Statistik: Wie viele Stu- denten eines Jahrgangs arbeiteten für das MfS? – Ablehnung der SED-Mitgliedschaft möglich bei Verzicht auf Karriere **Gesellschaft / Christen** Beobachtung von Christen durch das MfS – Versuche der Einschüchterung
Stock, Betina 1964 TU Dresden	**Das Geständnis**	**Politik und Staat/ FDJ/ SED/ MfS**

1983 Diplom 1988	▶ **Band 2**	Eine Kommilitonin arbeitet für die Stasi, IM im Studentenkollektiv
Stötzer, Gabriele 1953 PH Erfurt: 1973 Exmatrikulation 1976 Studienabschluss an der PH Erfurt: Diplom 1991	**Wir lasen bändeweise Marx, Engels, Lenin und Luxemburg** ▶ **Band 2**	**Rahmenbedingungen / Exmatrikulation** Lehren und Lernen/ Dozenten/Vorlesungen/ studentische Ämter Bedeutung der Pädagogischen Ausbildung in der DDR **Studentenalltag / Solidarität**
Stötzer, Gabriele **Pontius, Martina**	**Die Zerschlagung des studentischen Widerstands an der Pädagogischen Hochschule Erfurt** ▶ **Band 2**	**Sonderseiten/ Kommentar** **Politik und Staat/ MfS** zeithistorischer Kommentar – Einmischung der SED und staatlicher Stellen in die Hochschulpolitik – Planungen von Exmatrikulationen sogenannter „feindlicher Elemente"
Stötzer, Gabriele	**Ein Brief an Margot Honecker löste Alarm aus** ▶ **Band 2**	**Rahmenbedingungen / Exmatrikulation** **Studentenalltag / Solidarität**
Straßberger, Ingrid 1943 Semmelweis-Universität Budapest: 1961–1963 MA Dresden: 1963–1966 Diplom 1966 Promotion 1970	**Ich sollte für 6 Jahre nach Moskau gehen.** **Dies solle keine Strafe, sondern eine Auszeichnung sein** ▶ **Band 1**	**Lehren und Lernen / Auslandsstudium** Auslandsstudium, wie kam man dazu – Auswahl der Studenten – Quoten für die Länder des Ostblocks – Finanzierung und Stipendium **Studentenalltag / Wohnen** Studentisches Wohnen in Ungarn
Tremmel, Beate (geb. Pieczonka) 1956 PH Erfurt: 1974 Diplom 1978	**Eine spontane Unterschriftenaktion gegen die Exmatrikulation eines Kommilitonen.** **Wie mein Sozialismusbild einen Riss bekam** ▶ **Band 2**	**Rahmenbedingungen / Kommentierung** Lehren und Lernen/Dozenten/Vorlesungen **Studentenalltag / Solidarität**
Ventzke, Michael 1943 ABF- HU Berlin: 1960 TU Dresden: 1962–1965 1965–1970 Fernstudium Diplom 1970	**„Sie stehen nicht zu uns"** **Werbung für den „freiwilligen" Wehrdienst** ▶ **Band 1**	**Rahmenbedingungen / Lehre / ABF** Zugang zur ABF, Auswahlkriterien, soziale Struktur der Studenten, Sonderregelungen für bestimmte Personengruppen **Gesellschaft / Wehrdienst** **Staat und Politik / politische Ereignisse** Mauerbau 1961 – Mauerbau und Wehrdienst – Methoden der Anwerbung von „Freiwilligen" vor Einführung der Wehrpflicht – Wehrdienst und Ausbildung/

		Karriere – Statistik: Anzahl Wehrdienst-leistender pro Jahrgang
Wallmann, H. Johannes 1952 HfM Weimar: 1970 Exmatrikulation 1973 FS HfM Weimar: 1973–1974 Staatsexamen 1974	**„Spätbürgerlich-dekadent".** **Der Diplombetrug der Hochschule für Musik „Franz Liszt" in Weimar** ▶ **Band 2**	**Politik und Staat/ FDJ/ SED/ MfS** Aufarbeitung der SED-Vergangenheit der HfM – fand diese statt? – wurden Studenten / Dozenten rehabilitiert?
Wedekind, Gerhard 1935 PI Mühlhausen: 1953–1954 TH/TU Dresden: 1954–1960 Diplom 1960	**Ich sei nicht würdig, die DDR im sozialistischen Ausland zu vertreten** ▶ **Band 1**	**Lehren/Lernen/ Dozenten/ Vorlesungen** Pädagogische Hochschulen in der DDR – Kaderschmieden der SED? Studiengangwechsel in der DDR **Politik und Staat / Flucht / Ausreise** Integration von jungen, gut ausgebildeten DDR-Flüchtlingen in der Bundesrepublik
Wiemers, Gerald 1941 MLU Halle-Wittenberg: 1960 Diplom 1965 HU Berlin: 1965–1967 Diplom 1967, Promotion 1984	**Man habe meine Papiere vor der Immatrikulation nicht richtig durchgesehen** ▶ **Band 1**	**Rahmenbedingungen/ Zugang zum Studium** Kontrolle staatskritischer Äußerungen und Haltung ab der Schulzeit – Auswirkungen des Verhaltens von Schülern auf die spätere Karriere
Wonneberger, Ursula 1953 Ing.-HS Dresden: 1973 Diplom 1977	**Ein ganz gewöhnlicher Anwerbeversuch der Stasi** ▶ **Band 2**	**Politik und Staat / MfS** Verdeckter Anwerbeversuch des MfS
Ziesecke, Peter 1940 TU Dresden: 1961–1962 1964–1968 Exmatrikulation FS TU Dresden 1971–1973 Diplom 1973	**Ein Großteil der Studenten benutzte die Wahlkabine** ▶ **Band 1**	**Politik und Staat / politische Ereignisse / politische Haft** Stimmung an den Universitäten 1968 – Aktionen der Studenten zur Unterstützung des Prager Frühlings – Reaktionen des DDR-Staates – Einmarsch in die ČSSR – politische Haft in Lager X – Freikauf von Häftlingen – Schicksal derer, die in der DDR blieben
Ziesecke, Peter 1940 TU Dresden 1961–1962 1964–1968 Exmatrikulation FS TU Dresden: Diplom 1973	**Das Ende einer Flugblattaktion** ▶ **Band 1**	**Politik und Staat / politische Ereignisse / politische Haft** Stimmung an den Universitäten 1968 – Einmarsch in die ČSSR

Autor	Spezielle Beitragstitel	Stichwort zeithistorisch
Herausgeber	Das politische Studentenlied ▶ Band 2	Studentenalltag / Kommentar Studentische Kultur
Herausgeber	Die politische Grafik in der DDR. Kunst im Bildungssystem? –ROSTA-Fenster ▶ Band 2	Studentenalltag / Kommentar Studentische Kultur
Herausgeber	Die politische Grafik in der DDR Studentenbühne der Pädagogischen Hochschule Erfurt ▶ Band 2	Studentenalltag / Kommentar Studentische Kultur
Herausgeber	Der politische Witz „Wir hatten tagtäglich etwas zu lachen" ▶ Band 2	Studentenalltag / Kommentar Studentische Kultur
Herausgeber	Die Arbeiter-und-Bauern-Fakultäten (ABF) ▶ Band 1	Rahmenbedingungen / ABF Zugang zur ABF – Auswahl von Kadern – Funktion der ABF
Herausgeber	Studium und Wehrdienst ▶ Band 1	Gesellschaft / Wehrdienst zeithistorischer Kommentar
Herausgeber	Wie das MfS zu seinen Informationen kam ▶ Band 1 + 3	Politik und Staat / MfS Kommentar zeithistorisch – Anwerbung von Informellen Mitarbeiter an Hochschulen und Universitäten
Herausgeber	Die Objektdienststelle des MfS an der TU Dresden ▶ Band 1	Politik und Staat / MfS Organisation und Struktur der MfS-Dienststellen – Aufgaben und Zielsetzung

Glossar - Die Sprache der Zeit gemäß

Rainer Jork

Dass Gesellschaftsordnungen, besonders Diktaturen mit ihrem ideologischen Hintergrund, die Sprache in ihrer Art prägen, wurde uns im Rückblick auf den Nationalsozialismus in Deutschland bereits von Victor Klemperer (Viktor Klemperer: LTI, Notizbuch eines Philologen, 1947, Sprache des Dritten Reiches) deutlich vor Augen geführt. Noch heute werden bestimmte Worte dieser Epoche als systemimmanent, als unerträgliche Unworte empfunden. Begriffe werden in Zusammenhänge gebracht, die so ideologisch festgelegt, verdeckt oder neu verstanden werden.

Wer versteht heute beispielsweise in der Medienwelt unter Sparen noch das, was wir in unserer Kindheit damit meinten: etwas an Geld zurückzulegen, um in Notzeiten darauf zugreifen zu können (s.a. Sparhaushalt, Totsparen usw.)? Wird unter Vergleichen nicht allzu oft Gleichsetzen verstanden und damit ein Vergleich verboten? Warum wohl wird heute beispielsweise oft von Gender-Mainstreaming gesprochen, also für nicht klar definierte Hintergründe ein Fremdwort verwendet? Dienen Fremdworte etwa auch als Tarnung, wenn man nicht klar sagen will oder kann, was damit gemeint ist? Manche Talkshow, auch manche Parlamentsdebatte ließe sich verdeutlichen, verkürzen oder gar erübrigen, wenn man anfangs verbindlich die verwendeten Streitbegriffe definierte.

In der „Diktatur des Proletariats" des Kommunismus und im real existierenden Sozialismus hat man auf die verbindliche politische Deutung von Begriffen, Abkürzungen und Bezeichnungen einen besonderen Wert gelegt. Daran wirkten – vor allem auch in der Sowjetunion – ganze Parteiinstitute und andere wissenschaftliche Einrichtungen. Die Untersuchungen der Enquete-Kommissionen des Deutschen Bundestages („Aufarbeitung von Geschichte und Folgen der SED-Diktatur in Deutschland" sowie „Überwindung und Folgen der SED-Diktatur im Prozess der deutschen Einheit[6]),. Aussagen von Wolfgang Leonhard dort und in seinen Büchern (Dämmerung im Kreml, Die Sprache als Mittel sowjetischer Politik), das „Wörterbuch der

---

[6] 12. Und 13. Wahlperiode der Deutschen Bundestages.

Staatssicherheit"[7], mit dem die Arbeitssprache dieses parteieigenen Geheimdienstes verbindlich fixiert wurde, verdeutlichen das für die zurückliegende Epoche anschaulich.

In der DDR war bereits an den Schulen mit dem „Kleinen politischen Wörterbuch" (Berlin (Ost) 1986, 1133 Seiten) der verbindliche Sprachschatz fixiert. Sprache wird also zu Herrschaftszwecken eingesetzt.

Begriffe sind oft zeit- und mitunter auch ortsabhängig zu verstehen. Die vorliegenden Zeitzeugenberichte betreffen – der Grundintension des Projektes entsprechend – zuerst ein Technikstudium in Dresden, also die dort gegebenen Bedingungen an der TH bzw. TU Dresden in den angegebenen Zeiträumen. Das kann auch bedeuten, dass entsprechende Bezeichnungen oder Umstände beispielsweise nicht denen eines Journalistikstudiums in Berlin oder Kunststudiums in Erfurt oder Weimar gleichzusetzen sind. Mit dem folgenden Glossar wird in Anlehnung an die den Berichten beigefügten Anmerkungen und Fußnoten versucht, diesem Umstand Rechnung zu tragen. Es bezieht sich primär auf den Sprachhintergrund zu den Zeitzeugenberichten an der genannten Bildungs- und Forschungseinrichtung.

---

[7] Das Wörterbuch der Staatssicherheit; Definitionen des MfS zur „politisch-operativen Arbeit"; Reihe A Nr. 1/93 Dokumente; Der Bundesbeauftragte für die Unterlagen des Staatssicherheitsdienstes der ehemaligen Deutschen Demokratischen Republik.

Hinweise zur Nutzung des Glossars

Wozu dient das Glossar?

Das Glossar erklärt Fachbegriffe und Definitionen, die für das Verständnis der Texte der Autoren wichtig sind, jedoch nicht allgemein bekannt sein könnten. Es stellt den spezifischen Kontext zu den einzelnen Beiträgen her und ermöglicht eine sogenannte Rückwärtssuche.

Nützlichkeit und Zweck

Das Glossar zeigt nicht nur die Häufigkeit bestimmter Themen in den Beiträgen, sondern auch ihre Verknüpfung mit spezifischen Studienorten. Diese Hinweise lassen auf Gemeinsamkeiten in den Erfahrungen der Studierenden schließen und tragen zur historischen Einordnung bei.

Das Glossar ist ein wertvolles Werkzeug zur Verbesserung der Verständlichkeit und Zugänglichkeit der Texte. Leser der Printausgabe können das Glossar als kompaktes Nachschlagewerk nutzen, das kurze Erklärungen zu Fachbegriffen sowie Verweise auf die Autoren enthält, die die jeweiligen Themen behandeln. Besonders in Kombination mit didaktischen Hinweisen erleichtert es den Einsatz der Texte in der politischen Bildungsarbeit.

Hinweis zu den Definitionen des Glossar

Bitte beachten Sie, dass die Definitionen je nach Quelle und Verfasser variieren können.

In der Buchausgabe von 2017 gab es zu den meisten Begriffen des Glossar QR-Code zum Vertiefen der Information. Diese wurden jedoch nicht mehr übernommen, da es zwischenzeitlich viele Änderungen gegeben hat und der Code nicht mehr zu den erwarteten Informationen führt. Es wird stattdessen empfohlen bei Bedarf für vertiefende Information die Spracheingabe des Handys zu nutzen um direkt auf aktuelle Webseiten zuzugreifen. Für fundierte Informationen zur DDR und die Aufarbeitung der SED-Diktatur gibt es eine Reihe von seriösen und gut recherchierten Webseiten. Hier sind einige der besten Anlaufstellen (in der eBook-Version sind die Links auf die Seiten aktiv):

1. Offizielle Gedenkstätten und Institutionen

- Bundesstiftung zur Aufarbeitung der SED-Diktatur
  Umfangreiche Materialien, Forschungsarbeiten und Veranstaltungen zur DDR-Geschichte und SED-Aufarbeitung.

- Stiftung Haus der Geschichte – DDR-Zeit
  Museum mit umfassenden Informationen zur DDR-Geschichte und Alltag.

2. Staatliche Archive und Forschungsstellen

- Stasi-Unterlagen-Archiv (ehemals BStU)
  Originaldokumente, Stasi-Akten-Recherche und wissenschaftliche Aufarbeitung.
- Leibniz-Zentrum für Zeithistorische Forschung (ZZF Potsdam)
  Forschung zu DDR-Geschichte, Opposition und Transformation nach 1989.
- Archiv der DDR-Opposition (Robert-Havemann-Gesellschaft)
  Originalquellen zur Bürgerrechtsbewegung in der DDR.

3. Bildung und Didaktik für Schulen

- DDR-Geschichtsportal der Landeszentrale für politische Bildung Thüringen
  Gut strukturiertes Lehrmaterial, Zeitzeugenberichte und Erklärungen für den Schulunterricht.
- DDR-GESCHICHTE.DE
  Ein privates Geschichtsprojekt seit 2002

- Digitale Bibliothek Thüringen
  Thüringer Institut für Lehrerfortbildung, Lehrplanentwicklung und Medien
  Die Schule in der DDR im Blickwinkel der Staatssicherheit

Die Links sind in der eBook-Version aktiv.

Diese Seiten bieten eine Mischung aus wissenschaftlicher Forschung, Originaldokumenten, Bildungsressourcen und Zeitzeugenberichten – perfekt für eine tiefgehende Auseinandersetzung mit der DDR-Geschichte und der SED-Diktatur.

Glossar

Birgit Scholz und Sebastian Victor

Das Glossar wurde von Frau Dr. Scholz und Herrn Victor zusammengestellt. Für die Buchausgabe 2025 wurden Ergänzungen vom Herausgeber vorgenommen.

Stichwort	Erläuterungen mit Hinweisen auf Beiträge
17. Juni 1953	Das Datum steht für den Volksaufstand in der DDR, der sich an einer Erhöhung der Arbeitsnormen entzündete und zu einem Generalstreik ausweitete. Zu den wirtschaftlichen Forderungen kamen politische, zum Beispiel nach freien Wahlen. Der Aufstand wurde von sowjetischen Panzern und der Volkspolizei blutig niedergeschlagen. Mindestens 55 Todesopfer sind zu beklagen. Etwa 10.000 Menschen wurden verhaftet und zum Teil zu langjährigen Haftstrafen verurteilt. ▶ H.-L. Dalpke, Höhere Bildung – ein Privileg der Arbeiter – ...
Arbeiter-und-Bauern-Fakultät (ABF)	Die „Arbeiter-und-Bauern-Fakultäten" (ABF) wurden 1949 gegründet. Sie hatten die Aufgabe, junge und systemtreue Arbeiter und Bauern in zwei- und dreijährigen Studiengängen zum Abitur zu bringen. Systemtreue war eine Wunschvorstellung der SED. In der Praxis durften sie dem System zumindest nicht ablehnend gegenüberstehen. Studienplätze an den Universitäten/Hochschulen waren für die Absolventen der ABF in der Regel gesichert. Systemkritischen Menschen war dieser Bildungsweg sehr oft versperrt. Bekannte Absolventen sind der Schauspieler Peter Sodann und der Schriftsteller Hermann Kant. ▶ H.-L. Dalpke, Höhere Bildung – ein Privileg der Arbeiter – ... ▶ G. Knoblauch, „Der Klassenfeind sitzt auch in Ihren Reihen" ▶ M. Ventzke, „Sie stehen nicht zu uns" ▶ G. Knoblauch, Themenbeitrag - Die Arbeiter-und-Bauern-Fakultäten
Abwicklung	Abwicklung ist die allgemeine Bezeichnung für den Verkauf, die Um- oder Restrukturierung, die Sanierung oder auch die Schließung ehemaliger ostdeutscher volkseigener Betriebe (VEB) und Institutionen. Der Begriff ist doppeldeutig: Abwicklung steht für die Vorbereitung von ehemals volkseigenen Betrieben und Institutionen auf marktwirtschaftliche und rechtsstaatliche Verhältnisse, damit diese perspektivisch bestehen können. Der Begriff Abwicklung steht aber auch für die ersatzlose Schließung vieler Betriebe und belasteter Institutionen. ▶ M. Rößler, Die Erneuerung der Hochschulen zwischen 1989 ...
Agitprop	Kurzwort aus Agitation und Propaganda, Methode zur Werbung für die Ziele der SED in der DDR. Der Begriff „Agitprop" wurde auch im humorvollen Zusammenhang verwendet. ▶ G.Knoblauch, Studentische Kultur
Apparatschik	Apparatschik war eine abwertende Bezeichnung für einen der Partei SED kritiklos ergebenen Bürokraten.

	▶ J. Schmiele, Studentische Amateurfunker schalteten …
Aspirantur	Eine Aspirantur war ein Promotionsstudiengang in der DDR. Für in Betrieben arbeitende Hochschulabsolventen bestand unter Umständen die Möglichkeit, in Zusammenarbeit mit einer Hochschule/Universität einen Promotionsstudiengang namens „Außerplanmäßige Aspirantur" zu belegen. Die Bestätigung durch den Betrieb war Voraussetzung. Dadurch ergab sich eine enge Verbindung zwischen Theorie und Praxis, verbunden mit einer vergleichsweise schnellen Nutzung von Forschungsergebnissen. ▶ H.-J. Brink (Biografische Daten) ▶ R. Jork (Biografische Daten) ▶ G. Knoblauch, „Der Klassenfeind sitzt auch in Ihren Reihen" ▶ C. Müller, Es gab einige Leute, die meine Exmatrikulation … ▶ C. Müller (Biografische Daten) ▶ J. Schmiele (Biografische Daten) ▶ K. Appenroth, Die hochnotpeinliche Befragung …
Bausoldat	In der DDR wurde ab 1964 eine Sonderform der Wehrpflicht geschaffen, die es erlaubte, die Wehrpflicht ohne unmittelbaren Waffendienst als Bausoldat (auch Spatensoldat genannt) abzuleisten. Die Bausoldaten wurden an militärischen Bauvorhaben, später auch in der Wirtschaft, zum Beispiel in der Chemieindustrie oder im Tagebau, eingesetzt. Sie waren Angehörige der NVA (Nationale Volksarmee) und hatten in der Regel mit Benachteiligungen bei der weiteren beruflichen Entwicklung zu rechnen. Viele Bausoldaten waren in der Opposition der DDR engagiert und gehörten aufgrund ihrer Einstellung zur Gewaltlosigkeit zu den Wegbereitern der Friedlichen Revolution. ▶ G. Franke, Ich konnte studieren, nachdem ich unterschrieben hatte … ▶ M. Markert, Bei meiner Geradlinigkeit … (Biografische Daten) ▶ M. Böttger, Wir verloren die … (Biografische Daten) ▶ J. Heinrich, Warum viele Katholiken in der DDR Mathematiker … ▶ M. Büdke, Ein Kommilitone hatte auf der Leipziger Messe … ▶ J. Klose, Fachprofessoren wurden verpflichtet, mit mir …
Bautzen, Gelbes Elend	In Bautzen gab es zwei Haftanstalten: Bautzen I (bekannt als „Das Gelbe Elend") und Bautzen II, die Haftanstalt der DDR-Staatssicherheit für besondere politische Häftlinge (bekannt unter der Bezeichnung Stasi-Knast). In beiden Haftanstalten wurden die Häftlinge unter oft unerträglichen Bedingungen gefangen gehalten. Heute befindet sich in Bautzen II eine Gedenkstätte. ▶ G. Knoblauch (Biografische Daten) ▶ G. Franke, Formen psychischen Drucks an der TU Dresden ▶ G.Knoblauch, Studentische Kultur, Der politische Witz
Beleg / Belegarbeit	Unter Beleg oder Belegarbeit verstand man eine ein bestimmtes Fachgebiet erfassende mehr oder weniger komplexe Hausarbeit, mit deren Vorlage eine Benotung verbunden war. Das Grundstudium wurde mit dem Großen Beleg abgeschlossen. ▶ H.-J. Brink, Vom Fabriksaal ins Kellerzimmer – ein Aufstieg

	▶ O. Härtig, Was es bedeutete, wenn man eine Prüfung nicht bestand ▶ R. Jork, Maschinenbaustudium an der TH/TU Dresden ▶ R. Mey, „Gebt diesem ,Ingenieur' ein Telefon und kein Papier!" ▶ U. Otto, Aus dem Alltag eines Bauingenieur-Studenten in Dresden
Berlin-Ultima-tum	Die Sowjetunion kündigte 1958 den Vier-Mächte-Status von Berlin mit dem Ziel auf, dass West-Berlin eine „entmilitarisierte freie Stadt" werden sollte. Die Westmächte lehnten dies ab. ▶ U. Otto, Aus dem Alltag eines Bauingenieur-Studenten in Dresden
Bewährung	Dieser Begriff wurde in der DDR im Zusammenhang mit Personen (Schülern, Studenten oder auch ganz normalen Bürgern) verwendet, die durch missliebige oder negative Äußerungen – im Sinne der staatlichen Doktrin – auffällig geworden waren. Bewährung bedeutete, diese Personen durch Ausgrenzung, Versetzung auf andere Stellen, Degradierung und andere Mittel – also sowohl durch psychischen Druck als auch durch ganz reale Bedrohung ihrer wirtschaftlichen Existenz – dazu zu bringen, sich (möglichst öffentlich) wieder dem politischen System zu „unterwerfen". ▶ H.-J. Brink, Schwejk in der NVA – Ungeschick oder ... ▶ H.-J. Brink, Vom Fabriksaal ins Kellerzimmer – ein Aufstieg ▶ H.-H. Grimmling, Die Hochschulkommission konnte in meinen ... ▶ C. Höfgen, Zwänge und Chancen als Student und ... ▶ R. Jork, Über Umwege zum Studium, um der „Sippenhaftung" ... ▶ G. Knoblauch, „Der Klassenfeind sitzt auch in Ihren Reihen" ▶ G. Knoblauch, Themenbeitrag - Die Arbeiter-und-Bauern-Fakultäten ▶ B. Kuhlmann (Biografische Daten) ▶ M. Lienert, „Ihr habt die Bildung und wir haben das Geld und ... ▶ R. Mettcher, Arbeit und Fernstudium waren eine hohe Belastung ▶ U. Otto, Aus dem Alltag eines Bauingenieur-Studenten in Dresden ▶ F. Rath, Wir studieren, um zu leben – wir leben nicht, um zu ... ▶ L. Rathenow, Warum wollte ich eigentlich studieren? ▶ G. Wiemers, Man habe meine Papiere vor der Immatrikulation ... ▶ P. Ziesecke (Biografische Daten)
Blauhemd	Das blaue Hemd bzw. die blaue Bluse gehörten zur Uniform der FDJ-Mitglieder. ▶ C. Beinhoff, Mit Mainelke im Knopfloch in die erste Reihe ... ▶ M. Büdke, Ein Kommilitone hatte auf der Leipziger Messe ... ▶ H. Deick, 1958 zog das System die Daumenschrauben enger ▶ W. Friese, F. war Mitglied des DS, der FDJ, DSF und GST ... ▶ L. Gebauer, Eine Geburtstagskarte als ... ▶ H.-J. Hardtke, Neue Studenten empfingen wir im Blauhemd ... ▶ U. Knoblauch, Eigentlich lief mein Studium ganz normal ab ▶ R. Mey, Für zwei Stunden im Hörsaal eingesperrt
Blockparteien	Die Blockparteien gehörten neben FDGB (Freier Deutscher Gewerkschaftsbund), FDJ, DFB (Demokratischer Frauenbund Deutschlands) und Kulturbund dem sogenannten „demokratischen Block der Parteien und Massenorganisationen" an. Blockparteien waren politische Alibi-Parteien in der DDR, deren Existenz Meinungspluralität und demokratische Verhältnisse vortäuschen sollten. Die Blockparteien mussten sich grundsätzlich dem Führungsanspruch der SED unterordnen und konnten keine politischen

	Alternativen zur SED-Herrschaft entwickeln. Mitglieder der Blockparteien wurden vom Volksmund häufig abwertend „Blockflöten" genannt, weil die Alibifunktion dieser Mitgliedschaft landläufig bekannt war. Blockparteien in der DDR waren: CDU, Demokratische Bauernpartei Deutschlands (DBD), Liberal-Demokratische Partei Deutschlands (LDPD) und National-Demokratische Partei Deutschlands (NDPD) ▶ M. Rößler, Das Jahr 1989 – der Aufbruch aus der Sicht des …
Bruderstaaten	Unter Bruderstaaten wurden die Mitglieder der sogenannten sozialistischen Staatengemeinschaft verstanden, vor allem die Verbündeten im Warschauer Pakt (militärischer Verbund) und im RGW (Rat für gegenseitige Wirtschaftshilfe), darunter auch Kuba und die Mongolei. ▶ U. Knoblauch, Eigentlich lief mein Studium ganz normal ab
Bund Demokratischer Kommunisten Deutschlands	Am 10. Januar 1978 veröffentlichte das Nachrichtenmagazin „Der Spiegel" den ersten Teil des „Manifestes des Bundes Demokratischer Kommunisten", einer angeblich oppositionellen Gruppe in der SED. ▶ M. Lienert, Um nicht aufzufallen, drückten die sowjetischen …
ČSSR	Abkürzung für die Tschechoslowakische Sozialistische Republik 1918–1992. ▶ G. Franke, Formen psychischen Drucks an der TU Dresden ▶ G. Glöde, „Wissen Sie nicht, dass dies ein … ▶ H. Henke, „Wer noch an Gott glaubt, der stehe bitte auf!" ▶ C. Höfgen, Zwänge und Chancen als Student und … ▶ U. Knoblauch, Eigentlich lief mein Studium ganz normal ab ▶ C. Meyer, „Zweifel an der führenden Rolle der Partei" ▶ J. Schmiele, Studentische Amateurfunker schalteten … ▶ I. Straßberger, Ich sollte für sechs Jahre nach Moskau gehen ▶ P. Ziesecke, Träume von einem menschlichen Sozialismus ▶ P. Ziesecke, Das Ende einer Flugblattaktion
C-Vermerk	siehe Flüchtlingsausweis
„Die Partei hat immer Recht"	Zeile aus dem Refrain des „Liedes der Partei", verfasst von Louis Fürnberg (1909–1957) im Jahr 1949. Das Lied wurde genutzt als Lobeshymne der DDR-Staatspartei SED. ▶ H. Deick, 1958 zog das System die Daumenschrauben enger ▶ B. Fieseler, Vor dem Abitur wurde ich zum Schuldirektor … ▶ G. Knoblauch, Kollektivierung der Landwirtschaft – wir … ▶ R. Mey, „Gebt diesem ‚Ingenieur' ein Telefon, kein Papier!" ▶ L. Rathenow, Warum wollte ich eigentlich studieren?
Erweiterte Oberschule **(EOS)**	Die Erweiterte Oberschule (EOS) führte nach zwölf Jahren Schulzeit zum Abitur. ▶ R. Anders, Anders als die anderen ▶ H. Henke, „Wer noch an Gott glaubt, der stehe bitte auf!" ▶ G. Knoblauch, Einleitung Dokument: Vertrauliche Verschlußsache ▶ G. Knoblauch, Themenbeitrag - Die Arbeiter-und-Bauern-… ▶ G. Knoblauch, Themenbeitrag - Studium und Wehrdienst ▶ G. Knoblauch, Themenbeitrag - Anwerbung von „Informellen MA

	▶ M. Proksch, Von der Grundschule zur Hochschule – wie … ▶ M. Rößler, Ich sei kein geeigneter Nachwuchskader … ▶ J. Schmiele, Studentische Amateurfunker schalteten
Freie Deutsche Jugend **(FDJ)**	Die Freie Deutsche Jugend (FDJ) war nach DDR-Verständnis eine „einheitliche sozialistische Massenorganisation der Jugend in der DDR; Mitglied des internationalen Studentenbundes seit 1950; sie arbeitet unter Führung der SED und betrachtet sich als deren aktiver Helfer und Kampfreserve." (Zit. n. Kleines politisches Wörterbuch, Dietz Verlag, Berlin [Ost] 1986) Die Mitgliedschaft in der FDJ war praktisch für alle selbstverständlich und eine Voraussetzung für die Immatrikulation. ▶ C. Beinhoff, Mit Mainelke im Knopfloch in die erste Reihe ··· ▶ M. Böttger, Wir verloren die FDJ-Mitgliedschaft, nicht ··· ▶ M. Büdke, Ein Kommilitone hatte auf der Leipziger Messe ··· ▶ L. Dalpke, In Dresden benutzte man die eigenen Füße ··· ▶ B. Fieseler, Vor dem Abitur wurde ich zum Schuldirektor ··· ▶ W. Friese, F. war Mitglied des DS, der FDJ, DSF und GST ··· ▶ L. Gebauer, Eine Geburtstagskarte als ··· ▶ G. Glöde, „Wissen Sie nicht, dass dies ein ··· ▶ J. Hardtke, Neue Studenten empfingen wir im Blauhemd ··· ▶ G Herrmann, Ich wurde innerhalb der Seminargruppe ··· ▶ C. Höfgen, Zwänge und Chancen als Student und ··· ▶ A. Hübner, Teilnahme am Kulturwettstreit der TU Dresden ··· ▶ R. Jahn, „Mach Dir keine Sorgen, Roland, wir stehen zu Dir ··· " ▶ R. Jork, „Wir sind der Meinung, dass der Student Jork ··· ▶ R. Jork, Über Umwege zum Studium, um der „Sippenhaftung " ··· ▶ Kommentar: Prorektor Werner Turski ▶ J. Klose, Fachprofessoren wurden verpflichtet, mit mir ··· ▶ G. Knoblauch, „Der Klassenfeind sitzt auch in Ihren Reihen " ▶ G. Knoblauch, Themenbeitrag - Die Arbeiter-und-Bauern-Fakultäten ▶ U. Knoblauch, Eigentlich lief mein Studium ganz normal ab ▶ B. Kuhlmann, Studienerlaubnis ohne Begründung entzogen ▶ M. Lienert, Um nicht aufzufallen, drückten die sowjetischen ··· ▶ K. Lunkwitz, Hervorragende fachliche Leistungen allein ··· ▶ M. Markert, Bei meiner Geradlinigkeit würde ich ··· ▶ R. Mey, Für zwei Stunden im Hörsaal eingesperrt ▶ C. Meyer, „Zweifel an der führenden Rolle der Partei " ▶ U. Otto, Aus dem Alltag eines Bauingenieur-Studenten in Dresden ▶ M. Pontius, Es herrschte eine Atmosphäre der Angst ··· ▶ M. Pontius u. G. Stötzer, Die Zerschlagung des studentischen ··· ▶ M. Proksch, Ich erlebte die Militarisierung des öffentlichen Lebens ▶ F. Rath, Wir studieren, um zu leben – wir leben nicht, um zu … ▶ M. Rößler, Die Erneuerung der Hochschulen zwischen 1989 … ▶ K. Schwinkowski, Sie haben sich mir als Angehörige der … ▶ G. Stötzer, Wir lasen bändeweise Marx, Engels, Lenin … ▶ G. Stötzer, Ein Brief an Margot Honecker löste Alarm … ▶ M. Ventzke, „Sie stehen nicht zu uns" – Werbung für den … ▶ H. J. Wallmann, „Spätbürgerlich-dekadent"

Flüchtlingsaus-weis	Den „Ausweis für Vertriebene und Flüchtlinge A" bekamen Personen aus den ehemals deutschen Ostgebieten. Der Flüchtlingsausweis „C" bedeutete „Flüchtling aus politischen Gründen". ▶ H. Deick, 1958 zog das System die Daumenschrauben enger ▶ C. Meyer, „Zweifel an der führenden Rolle der Partei
Forschungs-studium	Das sogenannte Forschungsstudium wurde in den letzten Jahren der DDR eingeführt, um (fachlich und politisch) besonders geeignete Studentinnen und Studenten auf direktem Weg – ohne erst die Diplomarbeit anfertigen zu müssen – zur Berufsfähigkeit mit dem Titel Dr.-Ing. zu führen. ▶ M. Böttger, Wir verloren die FDJ-Mitgliedschaft, nicht ... ▶ J. Jacob, Forschungsstudium statt Diplom ▶ M. Rößler, Ich sei kein geeigneter Nachwuchskader ...
Friedliche Revolution	Die durch die Bevölkerung der DDR veranlasste umfassende Umwälzung in den Jahren 1989 und 1990, die letztlich zur Wiedervereinigung Deutschlands führte, war eine friedliche Revolution – eine Einmaligkeit in der deutschen Geschichte. Der damalige Generalsekretär der SED, Egon Krenz, versuchte diese noch aufzuhalten und bot eine „Wende" an. ▶ C. Müller, Es gab einige Leute, die meine Exmatrikulation ... ▶ M. Rößler, Das Jahr 1989 – der Aufbruch aus der Sicht des ...
Gesellschaft für Deutsch-Sowje-tische Freundschaft **(DSF)**	Die Gesellschaft für Deutsch-Sowjetische Freundschaft (DSF) war in der DDR eine Massenorganisation. Eine entsprechende Mitgliedschaft wurde in allen staatlichen Einrichtungen (VEB, Bildungseinrichtungen, Verwaltung usw.) erwartet und als Bekenntnis vorausgesetzt. Die Verweigerung der Mitgliedschaft konnte zu beruflichen Nachteilen führen. ▶ W. Friese, F. war Mitglied des DS, der FDJ, DSF und GST ... ▶ C. Höfgen, Zwänge und Chancen als Student und ... ▶ A. Hübner, Teilnahme am Kulturwettstreit der TU Dresden ... ▶ J. Klose, Fachprofessoren wurden verpflichtet, mit mir ... ▶ B. Kuhlmann, Studienerlaubnis ohne Begründung entzogen ▶ M. Proksch, Von der Grundschule zur Hochschule – wie ... ▶ M. Proksch, Ich erlebte die Militarisierung des öffentlichen Lebens
Gesellschaft für Sport und Technik **(GST)**	Die Gesellschaft für Sport und Technik war eine vormilitärische Organisation für Jugendliche in der DDR. ▶ H.-J. Brink, Vom Fabriksaal ins Kellerzimmer – ein Aufstieg ▶ H.-J. Brink, Schwejk in der NVA – Ungeschick oder ... ▶ H.-L. Dalpke, In Dresden benutzte man die eigenen Füße ... ▶ W. Friese, F. war Mitglied des DS, der FDJ, DSF und GST ... ▶ G. Herrmann, Ich wurde innerhalb der Seminargruppe ... ▶ R. Keller, „Als Parteiloser werden Sie immer am ... ▶ Kommentar: Die Gesellschaft für Sport und Technik (GST) ▶ B. Kuhlmann, Studienerlaubnis ohne Begründung entzogen ▶ U. Otto, Aus dem Alltag eines Bauingenieur-Studenten in Dresden
Gewi	Kurzform für „Gesellschaftswissenschaften". Darunter verstand man das Studium der Grundlagen des Marxismus-Leninismus („Dialektischer und historischer Materialismus", „Politische Ökonomie des Kapitalismus und Sozialismus" und „Wissenschaftlicher Kommunismus"). An allen Ingenieurschulen, Hochschulen und Universitäten war Gewi-Unterricht Pflichtfach neben dem Hauptstudium.

	▶ C. Beinhoff, Mit Mainelke im Knopfloch in die erste Reihe … ▶ H.-L. Dalpke, In Dresden benutzte man die eigenen Füße … ▶ G. Glöde, „Wissen Sie nicht, dass dies ein … ▶ J. Jacob, Forschungsstudium statt Diplom ▶ R. Keller, „Als Parteiloser werden Sie immer am …" ▶ C. Meyer, „Zweifel an der führenden Rolle der Partei" ▶ G. Knoblauch, „Der Klassenfeind sitzt auch in Ihren Reihen" ▶ G. Krause, Als junge Frau einen technischen Beruf zu erlernen … ▶ U. Otto, Aus dem Alltag eines Bauingenieur - Studenten in Dresden ▶ W. Petzholtz, „Die Kirche hat kein Monopol auf Türme" ▶ G. Wedekind, Ich sei nicht würdig, die DDR im sozialistischen … ▶ R. Keller, Der politische Witz
Gruppe der 20	Als „Gruppe der 20" wurden jene etwa 20 Dresdner Bürger bezeichnet, die während der Demonstration am 8. Oktober 1989 ernannt und beauftragt wurden, mit den örtlichen Behörden über politische Forderungen zu verhandeln. Sie trugen wesentlich mit dazu bei, dass die Friedliche Revolution in Dresden und der DDR ohne blutige Zusammenstöße verlief. ▶ S. Kobe, Das Jahr 1989 – das Ende parteipolitischer …
Hauptamtlicher Inoffizieller Mitarbeiter **(HIM)** **Inoffizieller Mitarbeiter** **(IM)**	HIM waren Hauptamtliche Inoffizielle Mitarbeiter des Ministeriums für Staatssicherheit der DDR (MfS, Volksmund: Stasi). HIM gab es neben den „ehrenamtlichen" IM. HIM waren „zuverlässige und überprüfte IM", mit denen eine „Vereinbarung über einen langfristigen Einsatz abgeschlossen wurde" und die dafür „fortlaufend vom MfS finanziell und sozial versorgt" wurden. Dafür mussten HIM „konspirativ" aus ihrem bisherigen Arbeitsverhältnis herausgelöst und in ein neues Scheinarbeitsverhältnis gebracht werden. HIM arbeiteten meist an speziellen Aufträgen, nach deren Erledigung sich für die Spitzel unter Umständen eine „richtige" hauptamtliche Karriere anschließen konnte. Siehe dazu auch: Das Wörterbuch der Staatssicherheit: Definitionen des MfS zur „politisch-operativen Arbeit", Siegfried Suckut (Hg.), Ch. Links Verlag, 2001 ▶ G. Knoblauch, Anwerbung von „Informellen Mitarbeitern" … ▶ G. Knoblauch, Vertrauliche Verschlusssache – MfS 008 – … ▶ B. Stock, Das Geständnis ▶ U. Wonneberger, Ein ganz gewöhnlicher Anwerbeversuch der Stasi ▶ M. Pontius, Es herrschte eine Atmosphäre der Angst und Beklemmung
Industrie-Institut	Industrie-Institute (I.-I.) waren in der DDR an verschiedenen Hochschulen, Universitäten und an der Akademie der Wissenschaften der DDR angesiedelt. Mit ihnen wurde eine wirksame Verknüpfung zwischen Theorie und Praxis und die Qualifizierung von in der Industrie tätigen Menschen gefördert. ▶ B. Kuhlmann, Studienerlaubnis ohne Begründung entzogen
Internationaler Studentenausweis	Gut informierte Studenten besorgten sich in Prag den internationalen Studentenausweis in der Erwartung, damit gewisse Auslandsreisen zu ermöglichen oder zumindest zu erleichtern. ▶ H.E. Henke, „Wer noch an Gott glaubt, der stehe bitte auf!" ▶ R. Jork, Maschinenbaustudium an der TH/TU Dresden

Intershop	Intershops waren Geschäfte in der DDR, die westliche Waren gegen westliche Währung anboten. Intershops waren auch für DDR-Bürger offen. Allerdings hatten DDR-Bürger ab etwa Anfang der 80er Jahre ihr Westgeld vor der Verwendung im Intershop in sogenannte Forumschecks bei der DDR-Staatsbank umzutauschen. Intershops waren für die meisten Menschen, die keine westliche Währung besaßen, ein ständiges Ärgernis. ▶ M. Büdke, Ein Kommilitone hatte auf der Leipziger Messe …
Jugendweihe	Die Jugendweihe war und ist ein Fest, das den Übergang von der Jugend zum Erwachsensein markiert. Die Jugendweihe war in der DDR die atheistische Alternative zur Erstkommunion der Katholiken und zur Konfirmation der Protestanten. In der DDR legten die Jugendlichen ein feierliches Bekenntnis zur DDR, zum Sozialismus und zur Freundschaft mit der Sowjetunion ab. Ab Mitte der 1950er Jahre wurde die Jugendweihe zunehmend verpflichtend für alle Jugendlichen, wenn sie auf ihrem späteren Berufsweg keine Nachteile in Kauf nehmen wollten. Die Jugendweihe ist auf dem ehemaligen Gebiet der DDR immer noch populär. ▶ L. Gebauer, „Man könne mich leider nicht zum Studium … ▶ J. Heinrich, Warum viele Katholiken in der DDR Mathematiker … ▶ G. Knoblauch, Kollektivierung der Landwirtschaft – wir … ▶ R. Mettcher, Arbeit und Fernstudium waren eine hohe Belastung ▶ F. Rath, Wir studieren, um zu leben – wir leben nicht, um zu …
Junge Welt	Die „Junge Welt" war von 1947 bis 1990 die Zeitung der FDJ in der DDR. ▶ K. Heyde, In Moskau ein Studium beginnen … ▶ M. Proksch, Ich erlebte die Militarisierung des öffentlichen Lebens
Kader, Kaderleiter	Unter Kader verstand man eine Mitarbeiterin oder einen Mitarbeiter in einem Betrieb, einer gesellschaftlichen Einrichtung oder Organisation (zum Beispiel in Bildungseinrichtungen, volkseigenen Betrieben und Parteien). Entsprechend hießen die Leiter der Personalbüros Kaderleiter, die sich dann auch um die sogenannten Kaderentwicklungspläne kümmerten. Ziel der Kaderentwicklung war auch, politisch besonders vertrauenswürdige Führungskräfte heranzuziehen. ▶ R. Jahn, „Mach Dir keine Sorgen, Roland, wir stehen zu Dir …" ▶ B. Kuhlmann, Studienerlaubnis ohne Begründung entzogen ▶ H.-P. Leidhold, Betreuungsnotstand durch „Republikflucht" … ▶ M. Rößler, Ich sei kein geeigneter Nachwuchskader … ▶ G. Wedekind, Ich sei nicht würdig, die DDR im sozialistischen … ▶ G. Knoblauch, „Der Klassenfeind sitzt auch in Ihren Reihen"
Kaderakte	Eine Kaderakte war in der DDR eine Personalakte; eine spezielle Form der begleitenden Personalunterlagen. Begleitend bedeutet: Die Kaderakte wanderte bei jedem Stellenwechsel mit. Neben der fachlichen Leistung wurde in der Kaderakte auch das gesellschaftliche Engagement (zum Beispiel in Partei- und Massenorganisationen) bewertet, das entscheidend für den Fortgang der Karriere war. In der Zeit um die Friedliche Revolution wurden verschiedentlich die Kaderakten an die darin erfassten Personen ausgegeben – allerdings sorgfältig bereinigt. Insofern ist eine in der Kaderakte fehlende Aussage zu einer eventuellen Stasi-Mitarbeit keineswegs zwingend entlastend. ▶ G. und E. Hönisch, Von persönlicher Benachteiligung bis zur …

	▶ U. Knoblauch, Eigentlich lief mein Studium ganz normal ab ▶ R. Mey, „Gebt diesem ‚Ingenieur' ein Telefon und kein Papier!" ▶ M. Rößler, Das Jahr 1989 – der Aufbruch aus der Sicht des ... ▶ M. Rößler, Ich sei kein geeigneter Nachwuchskader ... ▶ G. Wiemers, Man habe meine Papiere vor der Immatrikulation ...
Kampfgruppen	Die Mitglieder der sogenannten Kampfgruppen der Arbeiterklasse waren offiziell Freiwillige, die voll berufstätig waren. Die Kampfgruppen waren dem Ministerium des Inneren und damit der Volkspolizei zugeordnet und mit leichten Waffen ausgerüstet. In den volkseigenen Betrieben war – wie auch in anderen Einrichtungen – der Parteisekretär der SED der Oberkommandierende der Kampfgruppe. Übungen fanden auch während der Arbeitszeit statt. Eine Verweigerung der Mitgliedschaft hatte oft berufliche Nachteile zur Folge. ▶ L. Gebauer, „Man könne mich leider nicht zum Studium ... ▶ G. und E. Hönisch, Von persönlicher Benachteiligung bis zur ... ▶ R. Mettcher, Arbeit und Fernstudium waren eine hohe Belastung ▶ M. Rößler, Ich sei kein geeigneter Nachwuchskader ...
Kasernierte-Volkspolizei	Die Kasernierte Volkspolizei (KVP) bestand 1952–1956 als Vorläuferin der Nationalen Volksarmee der DDR (NVA). Ihre Uniformen waren zuerst dunkelblau, später kakifarben. ▶ B. Fieseler, Vor dem Abitur wurde ich zum Schuldirektor ... ▶ W. Friese, F. war Mitglied des DS, der FDJ, DSF und GST ... ▶ G. Herrmann, Italienisches Intermezzo ▶ C. Müller, Es gab einige Leute, die meine Exmatrikulation ...
Kleine Matrikel	Kleine Matrikel – eine Art Probestudium für maximal ein Jahr. ▶ W. Friese, F. war Mitglied des DS, der FDJ, DSF und GST ...
Kombinat	Verbund Volkseigener Betriebe (VEB) mit weitgehend ähnlichem Produktionsprofil. Ein Kombinat der volkseigenen Industrie entsprach etwa einem Konzern in der westlichen Wirtschaft. ▶ K. Lunkwitz, Hervorragende fachliche Leistungen allein ... ▶ H. Schober, Fernstudium – jeder musste auf viel Persönliches ...
Kommunismus, Kommunist	Nach Karl Marx ist der Kommunismus die auf den Sozialismus folgende Entwicklungsstufe, in der die Produktionsmittel und Erzeugnisse in das gemeinsame Eigentum der Staatsbürger übergehen und alle Klassengegensätze überwunden sind. Ein Kommunist ist ein Vertreter des Kommunismus. Versuche den Kommunismus einzuführen, endeten in totalitären Diktaturen. ▶ M. Büdke, Ein Kommilitone hatte auf der Leipziger Messe ... ▶ L. Gebauer, Das Ende der ET-Fine an der TU Dresden – 1968 ▶ H.-J. Hardtke, Neue Studenten empfingen wir im Blauhemd ... ▶ R. Jahn, „Mach dir keine Sorgen, Roland, wir stehen zu dir ..." ▶ G. Knoblauch, Kollektivierung der Landwirtschaft – wir ... ▶ M. Lienert, „Ihr habt die Bildung und wir haben das Geld und ... ▶ M. Lienert, Um nicht aufzufallen, drückten die sowjetischen ... ▶ R. Mey, „Gebt diesem ‚Ingenieur' ein Telefon und kein Papier!" ▶ C. Meyer, „Zweifel an der führenden Rolle der Partei" ▶ M. Proksch, Von der Grundschule zur Hochschule – wie über ...

	▶ M. Pontius u. G. Stötzer, Die Zerschlagung des studentischen ... ▶ L. Rathenow, Warum wollte ich eigentlich studieren? ▶ M. Rößler, Die Erneuerung der Hochschulen zwischen 1989 ... ▶ G. Wedekind, Ich sei nicht würdig, die DDR im sozialistischen ... ▶ Der politische Witz
Kontaktperson	Kontaktperson (KP) war ein ungenau definierter Begriff für Menschen, mit denen das Ministerium für Staatssicherheit (MfS) Kontakt unterschiedlichster Art hatte. In den frühen Jahren des MfS waren KP auch Informanten, bei denen noch keine formelle Erfassung vorlag. KP wurden seitens des MfS als „vertrauenswürdige Bürger" beschrieben, die „zur Lösung bestimmter Aufgaben angesprochen werden" konnten. In den 70er und 80er Jahren wurden Funktionsträger, mit denen das MfS offizielle Beziehungen pflegte, häufig als KP bezeichnet. KP im Sinne des MfS konnten auch Menschen/Funktionsträger sein, die nichts von dem nachrichtendienstlichen Charakter der Verbindung zum MfS ahnten. Siehe dazu auch: Das Wörterbuch der Staatssicherheit: Definitionen des MfS zur „politisch-operativen Arbeit", Siegfried Suckut (Hg.), Ch. Links Verlag, 2001 ▶ G. Knoblauch, Anwerbung von „Informellen Mitarbeitern" ... ▶ G. Knoblauch, Vertrauliche Verschlusssache – MfS 008 – ... ▶ U. Knoblauch, Eigentlich lief mein Studium ganz normal ab ▶ K. Schwinkowski, Sie haben sich mir als Angehörige der ...
Kubakrise	Als Kubakrise bezeichnet man die Konfrontation zwischen den USA und der Sowjetunion im Oktober 1962, als die Sowjetunion begann, Mittelstreckenraketen auf Kuba zu stationieren. Der damalige Präsident der USA, John F. Kennedy, reagierte darauf mit einer Seeblockade, um eine weitere Stationierung der sowjetischen Raketen zu verhindern und drohte, gegebenenfalls selbst Atomwaffen einzusetzen. In den folgenden Verhandlungen zwischen der Sowjetunion und den USA wurde erreicht, dass die Sowjetunion ihre Atomraketen aus Kuba wieder abzog. Im Gegenzug zog die USA ihre Atomraketen aus der Türkei ab. ▶ O. Härtig, Was es bedeutete, wenn man eine Prüfung nicht bestand ▶ K. Heyde, In Moskau ein Studium beginnen ...
Kulak	Als Kulaken bezeichnete man schon im 19. Jahrhundert im damaligen Russland die reicheren Bauern. Nach der Oktoberrevolution 1917 und der Ende der 20er Jahre beginnenden Kollektivierung wurde die Bezeichnung „Kulak" und „Kulakentum" negativ besetzt. Kulaken wurden im mildesten Fall enteignet oder deportiert. ▶ H. Henke, „Wer noch an Gott glaubt, der stehe bitte auf!" ▶ G. Knoblauch, Themenbeitrag - Die Arbeiter-und-Bauern-Fakultäten
Landwirtschaftliche Produktionsgenossenschaft **(LPG)**	Nach dem Zweiten Weltkrieg wurden in der Sowjetischen Besatzungszone die Grundbesitzer enteignet, deren Landbesitz eine bestimmte Größe überschritt. Das Land wurde kostenlos an Kleinbauern verteilt. Ab 1952 wurden die Bauern gezwungen, ihr Land in landwirtschaftliche Produktionsgenossenschaften (LPG) einzubringen und im Kollektiv zu bewirtschaften. Viele Bauern wehrten sich gegen die Kollektivierung, hatten aber nur selten eine Chance gegen die Staatsdoktrin. ▶ H.-J. Brink, Vom Fabriksaal ins Kellerzimmer – ein Aufstieg ▶ R. Jork, Über Umwege zum Studium, um der „Sippenhaftung" ... ▶ G. Knoblauch, Kommentar: Die Arbeiter-und-Bauern-...

	▶ G. Knoblauch, Kollektivierung der Landwirtschaft – wir ... ▶ P. Ziesecke, Träume von einem menschlichen Sozialismus
Leistungslohn	Die Höhe des Leistungslohnes richtete sich nach dem Erfüllungsgrad einer für die jeweilige Tätigkeit vorgegebenen Norm. ▶ K. Lunkwitz, Hervorragende fachliche Leistungen allein ...
Leistungsstipendium	In der DDR gab es für Studierende neben dem Grundstipendium unter bestimmten Voraussetzungen ein Leistungsstipendium. Es war an eine überdurchschnittliche fachliche Leistung, aber auch an politisches Wohlverhalten gebunden. Das Leistungsstipendium betrug an der TH Dresden in den 60er Jahren 40, 60 oder 80 Mark pro Monat – zusätzlich zum monatlichen Grundstipendium von 140 Mark. ▶ R. Anders, Anders als die anderen ▶ H.-J. Brink, Vom Fabriksaal ins Kellerzimmer – ein Aufstieg ▶ M. Büdke, Ein Kommilitone hatte auf der Leipziger Messe ... ▶ H.-H. Grimmling, Die Hochschulkommission konnte in meinen ... ▶ H.-J. Hardtke, Neue Studenten empfingen wir im Blauhemd ... ▶ C. Höfgen, Zwänge und Chancen als Student und ... ▶ R. Jork, Maschinenbaustudium an der TH/TU Dresden ▶ G. Krause, Als junge Frau einen technischen Beruf zu erlernen ... ▶ M. Lienert, „Ihr habt die Bildung und wir haben das Geld und ... ▶ C. Müller, Es gab einige Leute, die meine Exmatrikulation ... ▶ W. Petzholtz, „Die Kirche hat kein Monopol auf Türme" ▶ F. Rath, Wir studieren, um zu leben – wir leben nicht, um zu ... ▶ M. Rößler, Die Erneuerung der Hochschulen zwischen 1989 ...
Mangelware, **Mangelwirtschaft**	Viele Produkte des täglichen Bedarfs waren in der DDR knapp. Das galt nicht für wichtige Lebensmittel wie Brot, Butter, Fleisch und Milch. Bei hochwertigen Produkten wie Autos, Möbeln, technischen Geräten und guter Kleidung herrschte aber Knappheit, die zu Unzufriedenheit in der Bevölkerung führte. Diese begehrten Produkte wurden Mangelware oder auch „Bückware" genannt, weil man sie nur bekam, wenn man gute Beziehungen zu den Verkäufern hatte und/oder sich im übertragenen Sinne unter den Verkaufstresen bückte. Die Wirtschaft der DDR konnte den Bedarf der Bevölkerung an höherwertigen Gütern nur unzureichend decken, daher wurde auch von Mangelwirtschaft gesprochen. Mangelware und Mangelwirtschaft waren Gegenstand zahlreicher Witze, die sich in der Bevölkerung gerne erzählt wurden. ▶ H.-J. Brink, Vom Fabriksaal ins Kellerzimmer – ein Aufstieg ▶ H.-L. Dalpke, In Dresden benutzte man die eigenen Füße ... ▶ H. Henke, „Wer noch an Gott glaubt, der stehe bitte auf!" ▶ R. Mey, „Gebt diesem ‚Ingenieur' ein Telefon und kein Papier!" ▶ U. Otto, Aus dem Alltag eines Bauingenieur-Studenten in Dresden ▶ H. Schober, Fernstudium – jeder musste auf viel Persönliches ... ▶ G. Knoblauch, Studentische Kultur ▶ R. KellerDer politische Witz

Mark der Deutschen Demokratischen Republik	In der DDR gab es die „Deutsche Mark der Deutschen Notenbank" (DM), umgangssprachlich „Ost-Mark" im Gegensatz zur „West-Mark". 1964 ließ die DDR das „Deutsche" weg und ab 1968 gab es dann die „Mark der DDR". ▶ U. Otto, Aus dem Alltag eines Bauingenieur-Studenten in Dresden ▶ R. Jork, Als trampender Student unterwegs nach … ▶ H.-P. Leidhold, Betreuungsnotstand durch „Republikflucht" …
Marxismus-Leninismus	Der Marxismus-Leninismus (ML) ist eine politische Ideologie und war die verbindliche „wissenschaftliche" Grundlage der Staatsdoktrin im sogenannten sozialistischen Lager. ▶ R. Anders, Anders als die anderen ▶ H.-J. Hardtke, Neue Studenten empfingen wir im Blauhemd … ▶ H. Henke, „Wer noch an Gott glaubt, der stehe bitte auf!" ▶ C. Höfgen, Zwänge und Chancen als Student und … ▶ R. Jahn, „Mach dir keine Sorgen, Roland, wir stehen zu dir …" ▶ G. Knoblauch, „Der Klassenfeind sitzt auch in Ihren Reihen" ▶ U. Otto, Aus dem Alltag eines Bauingenieur-Studenten in Dresden ▶ M. Pontius, Es herrschte eine Atmosphäre der Angst … ▶ R. Keller, Der politische Witz ▶ G. Kreysa, Professoren der Weltklasse ▶ B. Stock, Das Geständnis
Militärintervention in Prag s. a. **Prager Frühling**	Durch die militärische Intervention von fünf Staaten des Warschauer Pakts in der ČSSR am 21. August 1968 wurden die Liberalisierungs- und Demokratisierungsbestrebungen des sogenannten „Prager Frühlings" gewaltsam unterbunden. Etwa eine halbe Million Soldaten der Sowjetunion, Polens, Ungarns und Bulgariens marschierten in die ČSSR ein und besetzten wichtige strategische Positionen. Truppen der Nationale Volksarmee der DDR (NVA) standen zwar in Bereitschaft, die NVA war aber „nur" mit etwa 30 Soldaten einer Nachrichteneinheit beteiligt. Die Bevölkerung der DDR war aufgefordert, Solidarität mit der Niederschlagung des Prager Frühlings zu bekunden, was einige nicht taten. Wer sich in der DDR öffentlich zu den Reformern in Prag bekannte, musste zum Teil mit drastischen Strafen und mit beruflichen Nachteilen rechnen. ▶ M. Böttger, Wir verloren die FDJ-Mitgliedschaft, nicht … ▶ G. Franke, Formen psychischen Drucks an der TU Dresden ▶ L. Gebauer, Das Ende der ET-Fine an der TU Dresden – 1968 ▶ G. Glöde, „Wissen Sie nicht, dass dies ein … ▶ H.-J. Hardtke, Neue Studenten empfingen wir im Blauhemd … ▶ H. Henke, „Wer noch an Gott glaubt, der stehe bitte auf!" ▶ C. Höfgen, Zwänge und Chancen als Student und … ▶ R. Keller, „Als Parteiloser werden Sie immer am … ▶ U. Knoblauch, Eigentlich lief mein Studium ganz normal ab ▶ R. Mey, „Gebt diesem ‚Ingenieur' ein Telefon und kein Papier!" ▶ J. Schmiele, Studentische Amateurfunker schalteten … ▶ P. Ziesecke, Träume von einem menschlichen Sozialismus
Ministerium für Staatssicherheit	Das Ministerium für Staatsicherheit (MfS, Volksmund: Stasi) wurde 1950 in der DDR gegründet. Als „Schild und Schwert der Partei" war es das wichtigste innenpolitische Repressionsinstrument der alleinherrschenden Partei, der Sozialistischen Einheitspartei Deutschlands (SED). Die Aufgabe des MfS war es, alle oppositionellen Kräfte zu unterdrücken, die die Herrschaft der SED hinterfragen könnten. Das MfS bediente sich dabei zum

und Bezirksverwaltung des MfS Dresden	Teil brutaler Mittel wie Erpressung und schreckte nicht vor Täuschung, Verrat, Desinformation und Mord zurück. Siehe dazu auch: Das Wörterbuch der Staatssicherheit: Definitionen des MfS zur „politisch-operativen Arbeit", Siegfried Suckut (Hg.), Ch. Links Verlag, 2001. In Dresden, Bautzener Straße, befand sich die Bezirksverwaltung und Untersuchungshaftanstalt des Ministeriums für Staatssicherheit (MfS) mit technischen Einrichtungen und Gefängnistrakt. Es gab eine direkte Telefonverbindung zur Objektdienststelle des MfS in der TU Dresden. Heute befindet sich dort eine Gedenkstätte mit weitgehend authentisch erhaltenen Gefängniszellen (http://www.bautzner-strasse-dresden.de/). ▶ U. Wonneberger, Ein ganz gewöhnlicher Anwerbeversuch der Stasi ▶ G. Knoblauch, Anwerbung von „Informellen Mitarbeitern" … ▶ G. Knoblauch, Vertrauliche Verschlusssache – MfS 008- … ▶ F. Anders, „Sagt Ihnen der Name Leonhard etwas?" ▶ H. Henke, „Wer noch an Gott glaubt, der stehe bitte auf!" ▶ K. Schwinkowski, Sie haben sich mir als Angehörige der …
Nationales Aufbauwerk	Das Nationale Aufbauwerk (NAW) war die vom Zentralkomitee (ZK) der SED 1952 beschlossene Initiative zum Wiederaufbau. Ziel war die Beseitigung der Kriegstrümmer, der Bau von Wohnungen und die Errichtung von Gebäuden, die im gemeinschaftlichen Interesse lagen, wie etwa Schwimmbäder. Von DDR-Bürgern wurde bis etwa 1958 in jährlich abzugebenden Selbstverpflichtungen erwartet, sich für eine bestimmte Anzahl von Aufbaustunden zu verpflichten. Diese sogenannten NAW-Stunden mussten neben der normalen Arbeit abgeleistet werden. Die Beteiligung an NAW-Stunden war in der Regel auch eine Voraussetzung dafür, eine in den Nachkriegsjahren sehr begehrte Wohnung zugewiesen zu bekommen. ▶ U. Otto, Aus dem Alltag eines Bauingenieur-Studenten in Dresden ▶ F. Rath, Wir studieren, um zu leben – wir leben nicht, um zu …
Neues Forum	Das Neue Forum (NF) war eine der ersten neuen Bürgerbewegungen in der DDR, die die Friedliche Revolution wesentlich prägten. Ein Teil des NF fand sich später im Bündnis 90 bzw. in der Partei Bündnis 90/Die Grünen, ein anderer in der CDU wieder. ▶ M. Böttger, Wir verloren die FDJ-Mitgliedschaft, nicht … ▶ S. Kobe, Das Jahr 1989 – das Ende parteipolitischer … ▶ W. Linke (Biografische Daten) ▶ M. Rößler, Das Jahr 1989 – der Aufbruch aus der Sicht des … ▶ M. Rößler, Ich sei kein geeigneter Nachwuchskader …
Neues Ökonomisches System (der Planung und Leitung) (NÖS)	Das Zentralkomitee der SED (ZK) beschloss 1963, ein sogenanntes Neues Ökonomisches System (der Planung und Leitung) in der Volkswirtschaft in der DDR einzuführen (NÖS oder NÖSPL). Ziel war es, die Motivation der Arbeiterinnen und Arbeiter anzuheben und dadurch eine höhere Produktivität der Betriebe zu erreichen. Das System setzte auf Leistungsanreize und auf eine größere Selbstständigkeit der Betriebe. ▶ H. Henke, „Wer noch an Gott glaubt, der stehe bitte auf!"
Neulehrer	Nach dem Zweiten Weltkrieg sollten Lehrer mit nationalsozialistischer Vergangenheit nicht mehr ohne weiteres an Schulen unterrichten. Deshalb wurden in allen vier Besatzungszonen Programme aufgelegt, innerhalb derer in Schnellkursen (4–12 Monate) neue pädagogische Kräfte ausgebildet wurden (Neulehrer). In der sowjetischen Besatzungszone diente

	die Neulehrerausbildung auch dazu, das Schulwesen unter die Kontrolle der SED zu stellen. ▶ M. Lienert, „Ihr habt die Bildung und wir haben das Geld und ...
Nomenklatura	Mit Nomenklatura wurde der gesamte Personenkreis der politischen und wirtschaftlichen Machthaber in den Staaten des real existierenden Sozialismus bezeichnet. Die Nomenklatura setzte sich aus langfristig aufgebauten Führungskadern zusammen. ▶ J. Heinrich, Warum viele Katholiken in der DDR Mathematiker wurden
Operativer Vorgang (OPV)	Operativer Vorgang (MfS). Vgl. dazu Ralf Blum u. a. (Bearb.): Abkürzungsverzeichnis. Häufig verwendete Abkürzungen und Begriffe des Ministeriums für Staatssicherheit. Hg. v. BStU, ▶ U. Knoblauch, Die Kaderakte
Ökonomisches Jahr	Das Ökonomische Jahr war für viele Studienbewerber Voraussetzung für die Zulassung zum Studium. Ohne das Ableisten des Ökonomischen Jahres waren die Studienbewerber nur „vorimmatrikuliert". Der Einsatz erfolgte meist auf Großbaustellen. ▶ O. Härtig, Was es bedeutete, wenn man eine ... (Biografische Daten)
Partei neuen Typs	Partei neuen Typs war die Eigenbezeichung kommunistischer Kaderparteien im Sinne Lenins mit der Verpflichtung auf die Ideologie des Marxismus. Ziel war die Errichtung einer „Diktatur des Proletariats". Kennzeichnend waren strenge Parteidisziplin und das Verbot jeglicher innerparteilichen Opposition. Eine freie Diskussionskultur und ein innerparteilicher Wettstreit um die besten Ideen und Argumente waren in den kommunistischen Parteien neuen Typs nicht möglich. ▶ R. Mey, „Gebt diesem ‚Ingenieur' ein Telefon und kein Papier!"
Polytechnische Oberschule	Die Polytechnische Oberschule (POS) führte Schülerinnen und Schüler bis zur 10. Klasse. Der Abschluss an der POS ist in etwa vergleichbar mit dem heutigen Realschulabschluss. Der Besuch der POS war für alle Kinder in der DDR Pflicht. Wer das Abitur ablegen wollte, musste nach Abschluss der POS eine Erweiterte Oberschule (EOS) besuchen. Die Zulassung an eine EOS war an politisches Wohlverhalten im Sinne der SED geknüpft; gute schulische Leistungen genügten nicht. ▶ siehe Biografische Daten der Autorinnen und Autoren
Prager Frühling	Der Prager Frühling war der Versuch in der Tschechoslowakei, einen „Sozialismus mit menschlichem Antlitz" aufzubauen. Von der tschechischen kommunistischen Partei unter Alexander Dubček wurde Anfang 1968 eine Politik der Liberalisierung und Demokratisierung eingeleitet. Viele Menschen in der DDR verbanden große Hoffnungen mit dem Prager Frühling. Durch die militärische Intervention von fünf Staaten des Warschauer Pakts im August 1968 wurde diese Politik gewaltsam beendet. ▶ M. Böttger, Wir verloren die FDJ-Mitgliedschaft, nicht ... ▶ G. Franke, Formen psychischen Drucks an der TU Dresden ▶ L. Gebauer, Das Ende der ET-Fine an der TU Dresden – 1968 ▶ G. Glöde, „Wissen Sie nicht, dass dies ein ... ▶ H.-J. Hardtke, Neue Studenten empfingen wir im Blauhemd ... ▶ H. Henke, „Wer noch an Gott glaubt, der stehe bitte auf!" ▶ C. Höfgen, Zwänge und Chancen als Student und ... ▶ R. Keller, „Als Parteiloser werden Sie immer am ... ▶ U. Knoblauch, Eigentlich lief mein Studium ganz normal ab

	▶ R. Mey, „Gebt diesem ‚Ingenieur' ein Telefon und kein Papier!" ▶ J. Schmiele, Studentische Amateurfunker schalteten ... ▶ P. Ziesecke, Träume von einem menschlichen Sozialismus
Rat für gegenseitige Wirtschaftshilfe (RGW)	Der Rat für gegenseitige Wirtschaftshilfe (RGW) war eine internationale Wirtschaftsorganisation sozialistischer Staaten. Mitglieder waren: Bulgarien, die DDR, Kuba, Mongolische Volksrepublik (VR), VR Polen, sozialistische Republik (SR) Rumänien, die ČSSR, die UdSSR, die Ungarische VR und die SR Vietnam. Weitere Staaten hatten spezielle Vereinbarungen für eine Zusammenarbeit. ▶ O. Härtig, Was es bedeutete, wenn man eine ... (Biografische Daten) ▶ G. Herrmann, Ich wurde innerhalb der ... (Biografische Daten) ▶ U. Knoblauch, Eigentlich lief mein Studium ganz normal ab
Reisegenehmigung	Bis 1955 konnte man auch als Bürger der DDR einfach eine Reisegenehmigung nach den „Westen" (Bundesrepublik) bei der Polizei beantragen. Der Antrag wurde in der Regel genehmigt. Ab 1956 änderte sich diese Politik; Reisegenehmigungen wurden immer weniger erteilt. Bis zum Mauerbau am 13. August 1961 blieb noch die Möglichkeit, mit der S-Bahn nach Westberlin zu fahren und dann von dort nach Westdeutschland (oder andere nichtkommunistische Länder) zu fliegen. Nach dem Mauerbau wurde die Möglichkeit des Reisens in nichtkommunistische Länder immer weiter eingeschränkt. Die Forderung nach Freizügigkeit und Reisemöglichkeiten war eine Kernforderung der Friedlichen Revolution. ▶ H. Deick, 1958 zog das System die Daumenschrauben enger ▶ B. Fieseler, Vor dem Abitur wurde ich zum Schuldirektor ... ▶ W. Friese, F. war Mitglied des DS, der FDJ, DSF und GST ... ▶ H.-H. Grimmling, Die Hochschulkommission konnte in meinen ... ▶ G. Herrmann, Ich wurde innerhalb der Seminargruppe ... ▶ G. Herrmann, Italienisches Intermezzo ▶ A. Hübner, „Herr Hübner, wollen Sie mich umbringen?" ▶ R. Jork, Als trampender Student unterwegs nach dem noch nicht ... ▶ R. Jork, Maschinenbaustudium an der TH/TU Dresden ▶ U. Knoblauch, Eigentlich lief mein Studium ganz normal ab ▶ H.-P. Leidhold, Betreuungsnotstand durch „Republikflucht" ... ▶ M. Lienert, Um nicht aufzufallen, drückten die sowjetischen ... ▶ C. Meyer, „Zweifel an der führenden Rolle der Partei" ▶ U. Otto, Aus dem Alltag eines Bauingenieur-Studenten in Dresden ▶ M. Pontius u. G. Stötzer, Die Zerschlagung des studentischen ... ▶ F. Rath, Wir studieren, um zu leben – wir leben nicht, um zu ... ▶ F. Rath, Reisen (Kommentar zeithistorisch) ▶ G. Kreysa, Professoren der Weltklasse – das Kreuz mit dem Marxismus
Rote Woche	Mit Rote Woche wurde die aktuell-politische Schulung aller Studierenden zu Semesterbeginn bezeichnet. Durch zahlreiche marxistisch-leninistische Pflichtveranstaltungen sollte eine loyale Haltung zur SED und deren Politik erzeugt werden. Unter Studenten hatte sich für diese Veranstaltungen der Begriff Rote Woche eingebürgert. Die Rote Woche fand an allen höheren Bildungseinrichtungen der DDR am Anfang eines jeden Semesters statt. Die Teilnahme der Studierenden war Pflicht. Dozenten waren zuverlässige Kader der SED. ▶ M. Büdke, Ein Kommilitone hatte auf der Leipziger Messe ... ▶ G. Franke, Formen psychischen Drucks an der TU Dresden

	▶ M. Proksch, Ich erlebte die Militarisierung des öffentlichen Lebens
Samisdat	In der DDR war die Herstellung von Druckerzeugnissen aller Art streng überwacht und genehmigungspflichtig. Die SED-Diktatur sorgte auf diese Weise dafür, dass nur die offizielle und den Machthabern genehme Meinung in gedruckter Form den Weg in die Öffentlichkeit fand. Mit Samisdat (russ., wörtlich: Selbstherausgabe) bezeichnete man illegal gedruckte Zeitungen, Flugblätter, Plakate, Kopien u. Ä. Für die Opposition in der DDR waren heimlich gedruckte Samisdat-Herausgaben von Texten, Bildern, Aufrufen usw. ein wichtiges Mittel, kritische Sichtweisen (zum Beispiel zum vernachlässigten Umweltschutz und zur fehlenden Meinungs- und Pressefreiheit) zu verbreiten. Häufig entstanden Samisdat-Drucke im Schutzraum der Kirche. Die Herstellung und Verteilung von Samisdat-Druckerzeugnissen war mit hohen persönlichen Risiken verbunden; wer ertappt wurde musste zum Teil mit drastischen Gefängnisstrafen rechnen. ▶ M. Böttger, Wir verloren die FDJ-Mitgliedschaft, nicht ...
SED-Parteisekretär	Sowohl in Betrieben als auch in Bildungseinrichtungen war die alleinherrschende Partei SED mit einem eigenen Parteisekretär vertreten. Dieser sollte darauf achten, dass in den Betrieben und Bildungseinrichtungen Politik und Sichtweise der SED verbreitet wurde. Im DDR-Alltag wurde die Macht der SED-Parteisekretäre unterschiedlich wahrgenommen: Es gab sowohl glühende Verfechter der Staatsdoktrin, aber es gab auch SED-Parteisekretäre, die das Amt pro forma ausübten. Von den Mitarbeitern/ Studierenden wurden Letztere als harmlos wahrgenommen, zu Ersteren suchten viele Mitarbeiter/Studierende ein möglichst distanziertes Verhältnis. SED-Parteisekretäre waren auch stets die Kommandeure der Betriebskampfgruppen. ▶ F. Anders, „Sagt Ihnen der Name Leonhard etwas?" ▶ G. Glöde, „Wissen Sie nicht, dass dies ein ... ▶ H.-J. Hardtke, Neue Studenten empfingen wir im Blauhemd ... ▶ und E. Hönisch, Von persönlicher Benachteiligung bis zur ... ▶ R. Jahn, „Mach Dir keine Sorgen, Roland, wir stehen zu Dir ..." ▶ R. Mettcher, Als Nichtgenosse in Führungspositionen ▶ R. Mey, „Gebt diesem ‚Ingenieur' ein Telefon und kein Papier!" ▶ M. Pontius, Es herrschte eine Atmosphäre der Angst ... ▶ M. Pontius u. G. Stötzer, Die Zerschlagung des studentischen ... ▶ M. Rößler, Ich sei kein geeigneter Nachwuchskader ... ▶ G. Stötzer, Ein Brief an Margot Honecker löste Alarm ... ▶ G. Wedekind, Ich sei nicht würdig, die DDR im sozialistischen ... ▶ R. Keller, Der politische Witz
Selbstverpflichtungen	Selbstverpflichtungen – so nannte man das Abgeben von schriftlichen Erklärungen darüber, was man sich persönlich für die Stärkung und den Aufbau des Sozialismus freiwillig vorgenommen hat. Selbstverpflichtungen wurden zu den verschiedensten Anlässen, an Jahrestagen der DDR, zum Neuen Jahr oder aus selbst definierten Anlässen gegenüber Vorgesetzten, Dienststellen, Institutionen abgegeben. Das konnte die Verpflichtung zur Ableistung von freiwilligen Aufbaustunden (zum Beispiel Ziegelklopfen beim Beseitigen von Ruinen) im Nationalen Aufbauwerk sein bis

	hin zur Werbung von Jugendlichen für die Nationale Volksarmee. Wollte man beruflich vorankommen oder eine neue Wohnung bekommen, wurde das Abgeben von Selbstverpflichtungen erwartet. ▶ H.-L. Dalpke, In Dresden benutzte man die eigenen Füße ... ▶ J. Klose, Fachprofessoren wurden verpflichtet, mit mir ... ▶ G. Knoblauch, „Der Klassenfeind sitzt auch in Ihren Reihen" ▶ G. Knoblauch, Themenbeitrag - Studium und Wehrdienst ▶ U. Otto, Aus dem Alltag eines Bauingenieur-Studenten in Dresden ▶ F. Rath, Wir studieren, um zu leben – wir leben nicht, um zu ...
Semsek	Semsek ist ein Kurzwort für Seminargruppensekretär. Seminargruppensekretäre waren Studierende, die die Verbindung zur Fachrichtungsleitung der Hochschule und zur Studienjahresleitung der FDJ bzw. Hochschulgruppenleitung der FDJ halten sollten. ▶ R. Anders, Anders als die anderen ▶ H.-J. Brink, Schwejk in der NVA – Ungeschick oder ... ▶ H.-J. Brink, Vom Fabriksaal ins Kellerzimmer – ein Aufstieg ▶ W. Friese, F. war Mitglied des DS, der FDJ, DSF und GST ... ▶ G. Glöde, „Wissen Sie nicht, dass dies ein ... ▶ H. Henke, „Wer noch an Gott glaubt, der stehe bitte auf!" ▶ C. Höfgen, Zwänge und Chancen als Student und ... ▶ U. Knoblauch, Eigentlich lief mein Studium ganz normal ab ▶ B. Kuhlmann, Studienerlaubnis ohne Begründung entzogen ▶ K. Lunkwitz, Hervorragende fachliche Leistungen allein ... ▶ F. Rath, Wir studieren, um zu leben – wir leben nicht, um zu studieren
Sozialdemokratische Partei (der DDR)	Sozialdemokratische Partei in der DDR (SDP) wurde am 7.10.1989 gegründet. Damit wurde der Alleinvertretungsanspruch der SED und der von ihr vertretenen Blockparteien infrage gestellt. Zwischen Oktober und Dezember 1989 wurden in verschiedenen Städten Regionalgruppen der SDP gegründet. Am 13. Januar 1990 nennt sich die SDP in SPD um und am 26. September 1990 findet der Zusammenschluss mit der westdeutschen SPD statt. ▶ R. Mey, (Biografische Daten) ▶ M. Rößler, Das Jahr 1989 – der Aufbruch aus Sicht des ...
Sozialistische Einheitspartei Deutschlands (SED)	Die Sozialistische Einheitspartei Deutschlands (SED) ist 1946 aus der Zwangsvereinigung der Kommunistischen Partei Deutschlands (KPD) und der Sozialdemokratischen Partei Deutschlands (SPD) hervorgegangen. Die SED beanspruchte in der DDR die alleinige Führung und beging nachweislich Wahlbetrug um ihre Herrschaft zu festigen. Nach der Friedlichen Revolution 1989 entstand aus ihr schrittweise die SED/PDS, die PDS und die Partei DIE LINKE. ▶ H.-J. Brink, Schwejk in der NVA – Ungeschick oder ... ▶ H.-J. Brink, Vom Fabriksaal ins Kellerzimmer – ein Aufstieg ▶ G. und E. Hönisch, Von persönlicher Benachteiligung bis zur ...
Sozialismus, entwickelter	Im Sprachgebrauch der DDR-Führung war der „entwickelte Sozialismus" eine Phase, die zwischen Sozialismus und Kommunismus liegt. Die Kritiker, zum Beispiel Rudolf Bahro (1935-1997), sprachen von „realem Sozialismus", weil der Terminus „entwickelter Sozialismus" einen positiv-fortschrittlichen Status suggeriert, von dem zum Beispiel in vielen Betrieben wenig zu sehen war. ▶ R. Mey, „Gebt diesem ‚Ingenieur' ein Telefon und kein Papier!"

Verfassung von 1968	Am 31. Januar 1968 wurde der Volkskammer der Entwurf einer neuen sozialistischen Verfassung vorgelegt. Er war von einer Kommission unter der Leitung Walter Ulbrichts erarbeitet worden. Der Verfassungsentwurf wurde der Bevölkerung zur Diskussion vorgestellt. Die Bürger reichten zahlreiche Änderungsvorschläge ein, die jedoch kaum berücksichtigt wurden. In einem Volksentscheid am 6. April 1968 billigten 94,5 Prozent der Wähler die neue DDR-Verfassung (Wahlbeteiligung: 98 Prozent). (Quelle: Hans Georg Lehmann, Deutschland-Chronik 1945 bis 2000, Bonn: Bundeszentrale für politische Bildung 2000, S. 175 f.) ▶ M. Böttger, Wir verloren die FDJ-Mitgliedschaft, nicht ... ▶ G. Glöde, „Wissen Sie nicht, dass dies ein ... ▶ J. Heinrich, Warum viele Katholiken in der DDR Mathematiker ... ▶ R. Keller, „Als Parteiloser werden Sie immer am ... ▶ C. Meyer, „Zweifel an der führenden Rolle der Partei" ▶ P. Ziesecke, Träume von einem menschlichen Sozialismus ▶ G. Wedekind, Ich sei nicht würdig, die DDR im sozialistischen ...
Volksaufstand in Ungarn	Nachdem Chruschtschow in der Sowjetunion 1956 die Entstalinisierung eingeleitet hatte, kam es im selben Jahr in Ungarn zu einer aufständischen Bewegung, die demokratische Reformen und eine unabhängige ungarische Politik forderte. Als Ungarn seinen Austritt aus dem Warschauer Pakt erklärte, intervenierte die Sowjetunion, schlug den Aufstand blutig nieder und ließ Anführer hinrichten. ▶ H.-L. Dalpke, Höhere Bildung – ein Privileg der Arbeiter – ... ▶ K. Lunkwitz, Hervorragende fachliche Leistungen allein ... ▶ C. Meyer, „Zweifel an der führenden Rolle der Partei"
Volkseigener Betrieb	Viele private Betriebe wurden von der sowjetischen Besatzungsmacht und später von der DDR-Führung enteignet und zu volkseigenen Betrieben umgewandelt. In der DDR waren – bis auf kleinere Handwerksbetriebe – nach 1972 praktisch alle Produktionsstätten volkseigene Betriebe (VEB) und arbeiteten damit unter der Kontrolle des Staates bzw. der SED. Handwerksbetriebe wurden in der DDR häufig zu Produktionsgenossenschaften des Handwerks (PGH) umgewandelt. Nach der Wiedervereinigung konnten einige Betriebe wieder ihren ursprünglichen Besitzern rückübertragen werden. ▶ G. Knoblauch, Themenbeitrag Die Arbeiter-und-Bauern-Fakultäten ▶ H.-P. Leidhold, Betreuungsnotstand durch „Republikflucht" ... ▶ K. Lunkwitz, Hervorragende fachliche Leistungen allein ... ▶ R. Mettcher, Als Nichtgenosse in Führungspositionen ▶ G. Wiemers, Man habe meine Papiere vor der Immatrikulation ...
Vordiplom	Nach dem dritten Studienjahr war zu einem vorgegebenen Thema eine wissenschaftliche Ausarbeitung vorzulegen – eine durchaus sinnvolle Übung mit Blick auf die spätere Diplomarbeit. ▶ H.-J. Brink, Schwejk in der NVA – Ungeschick oder ...
Wachregiment „Feliks E. Dzierzynski"	Das Wachregiment „Feliks E. Dzierzynski" war offiziell ein Teil der NVA (Nationale Volksarmee der DDR), unterstand jedoch dem MfS (Ministerium für Staatssicherheit). Die Angehörigen hatten sich für mindestens drei Jahre verpflichtet und waren in der Regel Genossen der SED. ▶ H. Henke, „Wer noch an Gott glaubt, der stehe bitte auf!"

Wende	Nach dem Sturz Erich Honeckers am 18. Oktober 1989 wurde Egon Krenz neuer Vorsitzender des ZK der SED in der DDR. Krenz sprach im Herbst1989 als erster von einer „Wende", als er wohl noch davon ausging, die Macht für die SED sichern zu können. Es kam jedoch zum Zusammenbruch des SED-Regimes. Daher werden die Ereignisse im Herbst 1989 heute als Friedliche Revolution bezeichnet. Siehe auch Friedliche Revolution. ▶ G. Franke, Formen psychischen Drucks an der TU Dresden ▶ G. Franke, Ich konnte studieren, nachdem ich unterschrieben … ▶ G. Herrmann, Ich wurde innerhalb der Seminargruppe … ▶ C. Höfgen, Zwänge und Chancen als Student und … ▶ J. Jacob, Forschungsstudium statt Diplom ▶ M. Rößler, Ich sei kein geeigneter Nachwuchskader …
Zuführung	Zuführung war die Umschreibung für eine Verhaftung. Bei einer Zuführung zwang die Polizei oder das MfS die Betroffenen, mit in die Polizei- oder MfS-Einrichtung zu kommen und dort „zur Klärung eines Sachverhalts", wie es im DDR-Sprachgebrauch hieß, Aussagen zu machen. ▶ M. Böttger, Wir verloren die FDJ-Mitgliedschaft, nicht … ▶ W. Friese, F. war Mitglied des DS, der FDJ, DSF und GST … ▶ K. Schwinkowski, Sie haben sich mir als Angehörige der …

Was nachdenklich stimmen sollte

Anweisung von Margot Honecker, Ministerin für Volksbildung der DDR

30. Juni 1976

„Ziel ist, vor Abschluss des Studienjahres bei der Mehrzahl der Studenten einen richtigen politischen Standpunkt zu der Sache herbeizuführen und die Auffassungen von Kachold und Anger offen aufzudecken. Mit dem Rektor wurde Übereinstimmung erzielt, dass unter Berücksichtigung des weiteren Stabilisierungs- und Differenzierungsprozesses unter diesen Studenten er entscheiden wird, ob und wann die Studentin Kachold durch Weisung des Rektors exmatrikuliert wird, weil sie für den Lehrerberuf ungeeignet ist. Letztere tritt mehrfach als Hauptakteur neben Linke in Erscheinung.“

(Martina Pontius und Gabriele Stötzer, Die Zerschlagung des studentischen Widerstandes an der Pädagogischen Hochschule Erfurt)

***

Was meine ablehnende Haltung gegenüber dem Staat prägte

„Am 19. August 2011 war in der TLZ (Thüringische Landeszeitung) von einem ehemaligen Chemiestudenten zu lesen: „Mich hat damals besonders abgestoßen, wie die Genossen, die einem Mathematikprofessor nicht das Wasser reichen konnten, versuchten, ihn von der fachlichen Seite zu diffamieren, was in solchen Äußerungen gipfelte wie: ‚die elementaren Anforderungen an einen Hochschullehrer nicht zu erfüllen‘ und ‚eine bewusste Schädlingsarbeit zu betreiben‘. Das Flugblatt ist für mich ein frühes Beispiel dafür gewesen, wodurch meine ablehnende Haltung gegenüber dem Staat geprägt wurde, in dem wir leben mussten."

(Roland Mey, Für zwei Stunden im Hörsaal eingesperrt)

***

Die Autoren – Biographische Daten und Werdegänge

In der Erstausgabe von „Zwischen Humor und Repression" wurden in vielen Beiträgen Fotos der Autoren oder ihre Studentenausweise mit Passfoto abgedruckt. In der neugestalteten Auflage wurde aus konzeptionellen und satztechnischen Gründen darauf verzichtet. Doch bleibt es beim Lesen und Bewerten der Beiträge spannend, sich vorzustellen, wie die Autoren damals aussahen – junge Menschen, oft noch unpolitisch, die voller Erwartungen an die Universitäten kamen und sich dort schnell einem erheblichen psychischen Druck ausgesetzt sahen.

Einige Autoren schildern diese Erfahrungen eindrucksvoll, wie beispielsweise in:

- *„Für zwei Stunden im Hörsaal eingesperrt" (Roland Mey)*
- *„Wir sind der Meinung ..." (Klaus Jork)*
- *„Roland, wir stehen zu dir" (Roland Jahn)*
- *Ein Brief an Margot Honecker (Gabriele Stötzer)*

Aus heutiger Perspektive erscheint es anachronistisch, dass einige der Autoren damals glaubten, der Druck und die Repressionen könnten nicht Teil der offiziellen Politik der Regierung sein - und dass sie sogar auf Unterstützung durch die „Verantwortlichen" hofften.

Um diese persönliche Dimension greifbarer zu machen, schien es sinnvoll, in Band 3 *Das Kompendium* eine Galerie der Autoren zusammen mit ihrem Werdegang zu erstellen.

Die biographischen Daten wurden aus der Buchausgabe von 2025 übernommen. In vielen Fällen handelt es sich dabei bereits um eine gekürzte Fassung im Vergleich zur Ausgabe von 2017. Diese Kürzungen erklären die oft etwas verdichtete Beschreibung der Lebensläufe..

Anders, Falk
Falk Anders, geb. 1943; (1962 TU Dresden, Elektrotechnik/Rege-
lungstechnik, Diplom 1968, Wissenschaftlicher Assistent Verfahrenstechnik, Mitautor eines Fachbuches, Promotion. Wegen Ablehnung SED-Eintritt Aufforderung, die TU Dresden zu verlassen.
Industrietätigkeit.
1985 Ausreise nach Stuttgart; Abteilungsleiter in der Technik beim
Süddeutschen Rundfunk (SDR), Südwestrundfunk (SWR).

Anders, Ralf
Ralf Anders, geb. 1960 in Gotha; 1966 Polytechnische Oberschule
in, 1974 EOS Oberschule; 1978 18-monatiger Grundwehrdienst;
1980 TU Dresden, Studium Informationsverarbeitung; 1985
Jenaer Glaswerk, wissenschaftlicher Mitarbeiter.
1990 Firma HEITEC Jena, 1991 Geschäftsführer und Teilhaber
bei ANTEC OHG Jena, seit 1996 als selbstständiger Gewerbetrei-
bender Softwareentwicklung.

Appenroth, Klaus
Klaus-J. Appenroth, geb. 1948 in Neukirchen/Eisenach, Abitur,
1967 Friedrich-Schiller-Universität Jena, Chemie, 1972 Diplom,
1978 Promotion in Photochemie, Wiss.-Techn. Mitarbeiter VEB
Carl-Zeiss Jena, 1993 Habilitation Pflanzenphysiologie, 1991 Alexander von Humboldt-Stipendiat Universitäten Freiburg und München, Privatdozent bis 2014; Senior-Gastwissenschaftler der Universität Jena; Ehrenmitglied der DGB; 2013 Intern.
Lenkungsausschuss DUCKWEED

Bakardjiev, Svetoslav
Svetoslav Bakardjiev, geb. 1959 in Sofia/Bulgarien; 1978 Abitur;
1978-1979 TU Dresden (Austauschstudent); 1979 Militärdienst in
Bulgarien; 1981 TU Dresden (Informationsverarbeitung), Diplom
1984, anschließend Assistent. 1987 -1990 Aspirantur TU Sofia,
Bereich Robotik.

Balzer, Michael
Michael Balzer, geb. 1963 in Rudolstadt/Thüringen, Abitur EOS 1982, 18 Monate NVA, 1984-1988 TU Dresden Fachrichtung Lebensmitteltechnik, Diplom 1988, Start einer Promotion am neuen Fachbereich Biotechnologie;
1990 Abbruch der Promotion; Traineeprogrammes bei Unilever Deutschland in Hamburg, bis 2014 in Managementpositionen bei Unilever, 2015–2019 Vertriebsleiter Tulip Food Company, 2020 Verkaufsleiter Deutschland Weinbergmaier GmbH

Beinhoff, Christian
Christian Beinhoff, geb. 1943 in Bernburg/Saale; 1961 Abitur, Vorpraktikum in Hüttenbetrieben; 1962 Studium an der Bergakademie Freiberg, 1966 Abbruch und 1967 Ausreise in die BRD.
1968 TU Clausthal (Diplom); Betriebsingenieur und Oberingenieur bei Preussag AG, 1976 Promotion; Technischer Direktor bei Métaux Ballast in Montreal; internationaler Beratender Ingenieur für Bunt- und Edelmetallgewinnung; 1990–2005 Chief Technical Adviser bei UNIDO.

Böhmer, Peter
Peter Böhmer, geb. 1941 in Zittau; 1959 bis 1965 Studium Fachrichtung Wärmetechnik/ Maschinenwesen TH/TU Dresden; 1971 Promotion, 1978 bis 1980 nebenamtlicher Fachschuldozent für Physik in Dippoldiswalde, 1981 Erteilung der Facultas Docendi Fachgebiet „Technische Thermodynamik"; 1965 bis 2006 Institut für Thermodynamik und Energiewirtschaft der TU Dresden.
Dezember 1990 Mitglied des Landesverband akademischer Mittelbau Sachsen im Senat der TU Dresden; 1990 bis 1992 ständiges Personalkommissionsmitglied.

Böttger, Martin
Martin Böttger, geb. 1947 in Sachsen; Studium TU Dresden, 1970 Diplom, Wehrdienst als Bausoldat, 1982 Promotion. 1983 Verhaftung wegen „Teilnahme an Menschenkette"; 1985 Mitbegründer der Initiative Frieden und Menschenrechte; 1982 Erfinder des Lehrspiels „Bürokratopoly"; 1989 Gründungsmitglied Neues Forum. 1990 Volkskammer (Bündnis 90), Abgeordneter im Sächsischen Landtag; 2001–2010 Leiter der BStU Chemnitz; 2009–2024 Stadtrat in Zwickau (Grüne).

Brink, Hans-Jürgen
Hans-Jürgen Brink, geb. 1939 in Forst; 1958 Abitur mit Auszeichnung; „praktisches Jahr" auf einer Großbaustelle; 1959–1965 Studium Maschinenwesen/Wärmetechnik TH/TU Dresden; 1965–1976 Ingenieur in der Industrie; 1972 außerplanmäßige Aspirantur Institut für Aerodynamik der TU Dresden, Promotion; Patente und Veröffentlichungen. 1991–2002 Referent/Referatsleiter Energiewirtschaft/Energiepolitik im Sächsischen Staatsministerium für Wirtschaft und Arbeit Dresden.

Büdke, Michael
Michael Büdke, geb. 1952 in Magdeburg, Abitur 1971 EOS „Karl Marx" in Calbe/S.; 1971–1973 Pfleger Psychiatrie der Medizinischen Akademie Magdeburg; 1973-1975 Bausoldat; Ausbildung als Buchhändler; Medizinstudium 1976–1982; Facharztausbildung für Allgemeinmedizin, Promotion 1987. 1991-2005 niedergelassener Arzt mit eigener Praxis in Halle.

Clemens, Heinz
Heinz Clemens, geb. 1926 im Lausitzer Weberdorf Obercunnersdorf; Schule in Böhlen bei Leipzig, Elektrikerlehre Kraftwerk Böhlen, 1950 Abitur an der Arbeiter-und-Bauern-Fakultät der TH Dresden, Studium Elektrotechnik, 1959 Diplom; Institut für Elektrische Energieanlagen, 1970 Promotion, Lehrauftrag an der TU Dresden, 1967–1991 Forschungsgruppenleiter Institut für Energieversorgung Dresden, Vorsitzender eines KDT-Fachgremiums, Tätigkeit im Vorstand des VDE Dresden.

Dalpke, Hans-Lutz
Hanns-Lutz Dalpke, geb. 1937 in Berlin, Abitur 1956, Studium an der TH Dresden Fakultät Technologie/Papiertechnik, politische Haft 1959–1964 in Bützow-Dreibergen und Torgau, Teilkonstrukteur, 1965 Übersiedlung zu den Eltern in die Bundesrepublik Deutschland.
Studium in Darmstadt Maschinenbau, 1969 Diplom, 1973 Dr.-Ing.; bis 1978 freier Mitarbeiter an der TH Darmstadt (Forschung, Lehre und Beratung), 1980 bis zum Ruhestand 2001 Projektingenieur, Werksleiter einer Zellstoff- und Papierfabrik.

Deick, Hubertus
Hubertus Deick, geb. 1935 in Schlochau/Pommern, flüchtete 1945 nach Sachsen-Anhalt. Nach dem Abitur 1953 studierte er Bauingenieurwesen, zunächst an der TH Dresden, nach der Flucht 1958 an der TH Darmstadt (Diplom 1960). Tätigkeiten als Statiker, Bauleiter und Niederlassungsleiter eines Baukonzerns bis 1985, dann Technischer Leiter eines mittelständischen Bauunternehmens; ehrenamtlicher Richter und Lehrbeauftragter an der Universität Siegen.

Fieseler, Berthold
Berthold Fieseler, geb. 1932 in Berlin, zog 1943 mit der Familie nach Magdeburg. Während der Oberschulzeit Eintritt in FDJ und SED. 1953 Beginn des Studiums an der TH Dresden, nach Praktikum Flucht nach Westberlin.
Zwei Jahre Tätigkeit in einem Ingenieurbüro in Minden (NRW), später Studium an der TH Hannover, Diplom 1965. Tätigkeit beim Bundesbauamt, u. a. Ausbau des Mittellandkanals, 1992–1997 Ausbau der Oststrecke.

Franke, Günter
Günter Franke, geb. 1942; Abitur 1961; vor dem Studium ein Jahr ins Braunkohlenwerk Laubusch/Hoyerswerda delegiert; 1962 TU Dresden, Elektrotechnik/ Regelungstechnik/; Assistent Institut für Fernwirktechnik und Institut für Steuerungs-/ Regelungstechnik (Akademie der Wissenschaften der DDR) in Dresden.
Nach der Wende 1989 Fraunhofer Institut; 1997 Professur für Technische Informatik, Fakultät Elektrotechnik Hochschule für Technik und Wirtschaft (HTW).

Friese, Wolfgang
Wolfgang Friese, geb. 1935 in Ellrich, besuchte die Humboldt-Oberschule in Nordhausen und studierte ab 1953 an der TH Dresden, bevor er nach West-Berlin floh. 1955–1963 Studium an der TU Berlin; 1963 Wissenschaftlicher Assistent für Stadtbauwesen, 1969–1972 Tätigkeit beim DIN, ab 1972 Baudirektor und Leiter der Berliner Straßenverkehrsbehörde. Bis 1989 Leiter des Arbeitsausschusses für Straßenverkehrsbehörden in westdeutschen Großstädten, 1989–2000 deutschlandweit.

Gebauer, Lothar

Lothar Gebauer, geb. 1943 in Dresden, Grundschule, Mittelschule, 1959 Facharbeiterlehre organisch-pharmazeutische Chemie, Volkshochschule/ Abitur. „1961 wollte man mich gleich nach der Lehre in die Volksarmee pressen, ich wollte nicht, *die* wollten, es gab ein fürchterliches Geschrei im Betrieb und ich war mir sehr sicher, dass ich mein Leben lang Chemiearbeiter bleiben müsste. 1963 TU Dresden, Diplomarbeit 1969, VEB Robotron;1984 Übersiedlung in die Bundesrepublik.

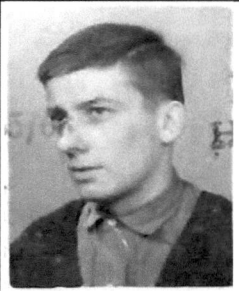

Glöde, Guntram

Guntram Glöde, geb. 1944, Grundschule / Oberschule Abitur Berlin, 1962 Lehrberuf Funkmechaniker, 1965 TU Dresden, Studium Elektrotechnik, 1970 Systemanalytiker, 1971 Flucht in die Bundesrepublik.
Siemens AG München: Entwicklungsingenieur für Systemsoftware (Datenvermittlungstechnik), Auslandstätigkeit (USA, u.a. Länder), Inbetriebnahmen internationale Vermittlungsstellen; 2001 Ruhestand; Reisen nach Südostasien, Malaysia, Singapore, Kambodscha, Laos, Myanmar, Vietnam …

Grimmling, Hans-Hendrik

Hans-Hendrik Grimmling, geb. 1947 in Zwenkau bei Leipzig; 1970 Studium HGB Leipzig, Diplom; 1975–1978 Meisterschüler HfBK Dresden; ab 1977 freischaffend in Leipzig (Projekte, Konzepte und Gemeinschaftsarbeiten im Künstlerkreis „Tangente", später „1. Leipziger Herbstsalon"). 1986 Übersiedlung nach West-Berlin. Seither freischaffend in Berlin, 2001 Dozent und 2007 Professur an der Berliner Technischen Kunsthochschule; www.h-h-grimmling.de.

Hardtke, Hans-Jürgen

Hans-Jürgen Hardtke, geb. 1944; 1963 TU Dresden, Elektrotechnik; 1969 wiss. Mitarbeiter VEB Messelektronik; 1972–1979 wiss. Assistent TU Dresden (Maschinenwesen), Promotion; 1979 Oberassistent; 1987 Habilitation; 1992 Professur 1994–1997 Dekan Maschinenwesen; 1997–2003 Prorektor Planung; 1992–2009 Direktor Institut für Festkörpermechanik; 2001 Mitglied der Akademie Leipzig, 2002 acatech; Präsident Reichenbachgesellschaft; Vorsitzender AG sächsischer Botaniker/Mykologen, Landesverein Sächsischer Heimatschutz.

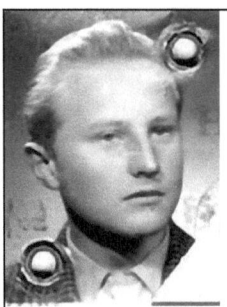

Härtig, Otto
Otto Härtig, geb. 1940 in Huy-Neinstedt Sachsen-Anhalt; 1946 Grundschule, 1954 Oberschule/Abitur; 1958/59 Ökonomisches Jahr; 1959 TU Dresden, 1966 VEB Gerätewerk Leipzig: Entwicklung und Erprobung von Schiffsradargeräten; 1966–1968 Dienst bei den NVA-Grenztruppen der DDR. 1969 VEB WTZ (Wissenschaftlich-Technisches-Zentrum) Medizin- und Labortechnik Leipzig; 1970 VEB Kombinat Medizin- und Labortechnik Leipzig; 1992–2005 Patentanwalt.

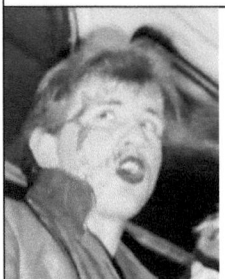

Heeger, Thomas
Thomas Heeger, geb. 1961 in Leipzig; Polytechnische Oberschule, 1978 Berufsausbildung mit Abitur bei der Deutschen Reichsbahn (DR), 1983-1988 Hochschule für Verkehrswesen (HfV) Dresden, Diplom 1988; Gruppenleiter Beschaffung/Absatz bei der DR;
1990 Vertrieb PKW-Importe; 1992 KfZ-Sachverständiger; 1995 Mitarbeiter/Senior Consultant deutscher PKW-Hersteller.

Heinrich, Joachim
Joachim Heinrich, geb. 1952 in Weida, 1970 Abitur, Mathematikstudium in Jena, wissenschaftl. Mitarbeiter „Präventive Kardiologie", Promotion 1982; Postgradualstudium Biomathematik / Epidemiologie, 1984 Leiter einer Umweltgruppe beim Kulturbund Erfurt, 1989 Ausreise. 1990 Assistent Universität Wuppertal, 1992 Leiter der AG „Umweltepidemiologie", 2010 Direktor des Instituts für Epidemiologie I, Helmholtz Zentrum München; Lehraufträge im In- und Ausland, über 500 Publikationen; Initiator von Projekten zur Stasi und Umweltaktivismus in der DDR.

Hempel, Hartmut
Hartmut Hempel, geb. 1949 in Berlin; Oberschule und EOS mit Berufsausbildung; !968 TU Dresden, Diplom 1972; Abteilungsleiter, Produktionsbereichsleiter und Leiter Beschaffung/Kooperation im VEB Kraftfahrzeuginstandsetzung Berlin. Von 1981 bis 90 Stadtbezirksrat für Örtliche Versorgungswirtschaft Berlin-Weissensee. 1990/91 Stadtrat und stellv. Oberbürgermeister (CDU); im gemeinsamen Magistrat und Senat von Berlin, Geschäftsführer Sport- u. Erholungszentrum Berlin, Moderator Deutschen Verkehrssicherheitsrat „Sicher mobil im Alter".

Henke, Hartmut

Hartmut E. Henke, geb. 1944 als dritter Sohn des Landwirts Karl Henke in Görlitz/Ludwigsdorf; 1950 Grundschule, EOS mit landwirtschaftlicher Ausbildung, 1962 TU Dresden, Maschinenwesen. 1968 Diplom, 1968 VEB Fortschritt Neustadt/Sachsen; 1968 Haft, 1969 Freikauf durch die BRD.

1970 RWTH Aachen Studium Wirtschaftswissenschaften; 1971 „Peace Corps Volunteer", Pantnagar Indien, 1976 Einsätze in Kamerun, Philippinen, Sri Lanka, Pakistan, Türkei; 1992 Fachberater für Projekte in Entwicklungsländern.

Herrmann, Günter

Günter Herrmann, geb. 1933; Abitur 1951, Chemiestudium TH /TU Dresden, 1959 Diplom, 1970 Promotion; 1969–1989 Wiss. Mitarbeiter.; Abteilungsleiter Met. Observatorium Wahnsdorf; Leitungsaufgaben Kammer d. Technik und im Rat für gegenseitige Wirtschaftshilfe (RGW).

1989–1995 Sächsisches Landesamt für Umwelt und Geologie, Fachbeirat Messtechnik und Reinhaltung der Luft im Verein Deutscher Ingenieure (VDI)

Heyde, Klaus

Klaus Heyde, geb. 1942; Lehrzeit im Sächsischen Kunstseidenwerk Pirna, 1961 Besuch der ABF der TU Dresden; 1964 Studium TU Dresden;1963–1966 Anlagenfahrer im Erdölverarbeitungswerk Schwedt, 1971–1975 Problemanalytiker für Prozessautomatisierung; 1978 Schichtleiter Zellstoffwerk Pirna, 1978–1990 Mitarbeiter Forschung im Kombinat Zellstoff und Papier Heidenau. Nach 1990 u.a. Gerichtsreporter, gesellschaftliche Aktivitäten, schriftstellerischer Tätigkeit.

Höfgen, Christian

Christian Höfgen, geb. 1943 in Dresden, 1949 Grundschule, 1957 EOS, 1961–1962 Gefängnis, versuchte DDR-Flucht, 1962–1964 Lehre als Elektromechaniker, 1964 Studium TU Dresden, Diplom 1970, wissenschaftlich-technischer Assistent, 1971 Flucht aus der DDR. 1971–2003 Siemens AG in München, Hardware-/Softwareentwicklung, 1986-2003 Dienststellenleiter weltweiter Service von Kommunikationssystemen.

Hönisch, Gerhard
Gerhard Hönisch, geb. 1932 in Chemnitz, Ausbildung zum Maschinenschlosser; 1951 Studium Maschinenbau TH Dresden; 1956 bis 1963 wissenschaftlicher Assistent/ Oberassistent an der THD. 1963–1970 VVB Nagema, 1971 Lektor (Oberassistent) an der Bergakademie Freiberg, 1979 wissenschaftlicher Oberassistent an der TUD.
1992 außerordentlicher Professor/ ordentlicher Professor TU Dresden.

Hübner, Armin
Armin Hübner, geb. 1962 in Dresden; Polytechnische Oberschule, 1978 Lehre VEB Pentacon Kamerawerke Dresden, 1983 Abendkurs/Abitur Volkshochschule, 1985 TU Dresden Fachrichtung Fertigungsmittelentwicklung. Diplom 1990.
Konstrukteur/ Entwicklungsingenieur bei verschiedenen Firmen; 2013 Entwicklung von Prozesstechnik und Anlagenkomponenten zur Vakuumbeschichtung.

Jacob, Johannes
Johannes Jacob, geb. 1945 in Halle (Saale), 1960 EOS „Thomas Müntzer" in Halle. Parallel dazu Chemiefacharbeiterbrief; 1964 TU Dresden, Verfahrenstechnik, Forschungsstudium, 1974 Promotion. 1972 -1989 wissenschaftlicher Mitarbeiter Bezirkshygieneinspektion Bereich Lufthygiene. Mit Gründung des Landesamtes für Umwelt und Geologie Wechsel in den Bereich Immissionsschutz.

Jahn, Roland
Roland Jahn, geb. 1953 in Jena; Abitur 1972 und anschließend Grundwehrdienst, bei der Volkspolizei-Bereitschaft, 1975–1977 Studium in Jena, Exmatrikulation, mehrfache Festnahmen und Verurteilungen und 1983 Zwangsausbürgerung aus der DDR.
2011 wählte der Bundestag Jahn zum neuen Bundesbeauftragten für die Unterlagen des Staatssicherheitsdienstes der ehemaligen DDR (BStU).

Jork, Klaus

Klaus Jork, geb. 1937, studierte Humanmedizin in Berlin und Mainz, wurde Facharzt für Allgemeinmedizin und arbeitete klinisch und wissenschaftlich. Ab 1991 bis zur Emeritierung war er Universitätsprofessor und leitete das Institut für Allgemeinmedizin an der Goethe-Universität Frankfurt. Er ist Autor mehrerer Fachbücher und Veröffentlichungen und war Vorsizender des Alumni-Vereins der Frankfurter Medizinischen Fakultät sowie der Deutsch-Indischen Gesellschaft Darmstadt-Frankfurt.

Jork, Rainer

Rainer Jork, geb. 1940, 1959 Facharbeiterabschluß Feinmechaniker und Abitur an der Abendoberschule; Studium TH Dresden Maschinenbau/Regelungstechnik, Diplom 1965; 1964–1984 Projektierung von Automatisierungsanlagen VEB Reglerwerk Dresden; 1974 Promotion (außerplanmäßige Aspirantur TH Ilmenau; 1984–1990 Dozent Ingenieurschule Meißen. 1990 Mitglied der frei gewählten Volkskammer und bis 2002 Mitglied des Bundestages. 2002 Bundesverdienstkreuz.

Keller, Reinhard

Reinhard Keller, geb. 1945 in Hohenstein-Ernstthal; 1963 EOS, Abitur; 1964 Studium TU Dresden, 1970 Diplom, 1970 Assistent Lehrstuhl für Baustoffkunde und Festigkeitslehre, 1975 wiss. Mitarbeiter im Institut für Stahlbeton.
1990–1994 Baudezernent, Zweiter Bürgermeister der Landeshauptstadt Dresden, 1994 Referatsleiter Staatsministerium Wirtschaft und Arbeit, 1996 Geschäftsführer der WOBA Dresden, 2005–2010 Geschäftsführer der Stesad Dresden.

Kempe, Frank

Frank Kempe, geb. 1948 in Dresden, Kindheit und Jugend verbrachte er im zerstörten Dresden; 1964 Eintritt in das alte Familienunternehmen Kunsthandlung NOVA. Hier, bei seinem Vater Horst Kempe, lernte er das ganze Spektrum des Kunsthandels von der Pike auf kennen. Gleichzeitig vertiefte er seine Kenntnisse, indem er an der renommierten Dresdner Kunstakademie Kunstgeschichte und grafische Techniken studierte. Die Kunsthandlung NOVA fiel 1974 der Verstaatlichungswelle zum Opfer und wurde durch die SED enteignet.

Klose, Joachim

Joachim Klose, geb. 1964; keine Zulassung zur EOS; Berufsausbildung; 1982 Fernstudium Theologie; 1984 Bausoldat; Abitur, 1985 TU Dresden, Physikstudium; Sprecher/Gemeinderatsvorsitzender der Katholischen Studentengemeinde Dresden. 1990 Studium der Philosophie, Logik und Wissenschaftstheorie München, Harvard-Universität Cambridge/USA, LMU München; 1997 Promotion; 2007 Landesbeauftragter der Konrad-Adenauer-Stiftung Sachsen, 2023 KAS Berlin, Leiter Politisches Bildungsforum Berlin.

Knoblauch / Glatzer, Uta

Uta Knoblauch (geb. Glatzer) geb. 1940 in Dresden; 1958 Lehre Industriekaufmann, später Wirtschaftsprüferin, Dolmetscher-Studium Russisch/Serbokroatisch Humboldt-Universität Berlin, 1968 Intertext Berlin/Dresden, 1971 Kündigung, um Kontakt mit vertraulichen Dokumenten zu vermeiden, da der Freund und heutige Ehemann 1971 geflüchtet war. 1974 Ausreise in BRD.
1974 eigener Übersetzerservice in München. Die Stasiakten der OPVs (10.000-12.000 Seiten), soweit Uta und Günter Knoblauch betreffend, sind von uns für Forschungszwecke freigegeben.

Knoblauch, Günter

Günter Knoblauch, geb. 1940 in Aue/Sa.; Lehre; 1959 ABF, 1962 TU Dresden, 1966 Verhaftung, Haft in Dresden/Bautzen; 1968 Fernstudium TU Dresden, 1970 Diplom; arbeitslos; 1971 Aberkennung des Diploms; Flucht in die BRD.[8] - 1971 Siemens AG München (Großrechnerentwicklung; Vertriebsleitung, Entwicklungsleitung, Technologieprojekte, intern. Kooperationen, Strategische Planung, ...); ab 1986 Oberer Führungskreis der Siemens AG, Lehrtätigkeit TAE-Esslingen, Fachbücher, intern. Vortragstätigkeit; 1999-2006 Chairman Mountain Dreams Pvt. Ltd. (Dt.-Sw.-Nep.).

Kobe, Sigismund

Sigismund Kobe, geb. 1940 in Zella-Mehlis; 1959 Abitur, Immatrikulation TH Dresden, einjähriges Vorpraktikum im Schreibmaschinenwerk Dresden,
1960–1965 Studium der Kernphysik und Physik, 1965 Diplom; 1965–1992 Assistent, Lehrer im Hochschuldienst und Oberassistent an der Sektion Physik; 1971 Promotion, 1988 Dr. sc. nat., 1991 Dr. rer. nat. habil (TU Dresden), 1992-2006 Professor am Institut für Theoretische Physik.

---

[8] Günter Knoblauch, Chronik einer angekündigten Flucht, Verlag BoD, 3. Auflage.

Krause, Gisela

Gisela Krause, geb. 1940 in Dresden als drittes Kind nach zwei Brüdern. Ihr Vater war Ingenieur, leitete seine eigene Firma, ihre Mutter war Hausfrau. 1959 Studium TH/TU Dresden, Fachrichtung Feinmechanik/Regelungstechnik; 1965 Entwicklungsingenieur VEB Reglerwerke Dresden; 1993 zwei Jahre ABM, Arbeitslosigkeit und Altersrente. Aktiv bei der Neugründung einer Wohnungsgenossenschaft mit 1700 Wohnungen, ehrenamtlich fünf Jahre Aufsichtsratsvorsitzende.

Kreysa, Gerhard

Gerhard Kreysa, geb. 1945 in Dresden. 1964 Chemiestudium TU Dresden. 1970 Promotion TUD.
Ab 1973 DECHEMA-Institut in Frankfurt am Main. 1992 – 2010 Geschäftsführer DECHEMA e.V. Ehrendoktorate TU Clausthal und KTH Stockholm. Prof. TU Dortmund und Uni Regensburg. Ehrenbürger TU Clausthal. Sächs. Verdienstorden. Mitglied IVA und acatech.

Kuhlmann, Bernd

Bernd Kuhlmann, geb. 1940; Abitur 1958 , Studium TH/TU Dresden, 1962 Exmatrikulation und „Bewährung in der Produktion"; Fahrdienstleiter, Stellwerksmeister und … ; 1965 Diplom; Brigadevorsteher in Berlin Lichtenberg, 1968–1973 Redakteur der Zeitung „Fahrt frei", Fernstudium Karl-Marx-Universität Leipzig, nebenbei Triebwagenführer Berliner S-Bahn, 1973 Reichsbahndirektion Berlin bzw. der DB AG für die Infrastruktur um Berlin. Veröffentlichungen zur Bahngeschichte, ausgezeichnet mit dem „Deutschen Schienenverkehrspreis 2006 – Kulturpreis".

Kupke, Wolfgang

Wolfgang Kupke, geb. 1939 in Breslau, 1957 Abitur; 1957-63 Ingenieurstudium Hochschule für Schwermaschinenbau Magdeburg; 1964 Wehrdienst; 1966 Ingenieur Chemiekombinat Bitterfeld; 1968-1989 Kraftwerksingenieur Energiekombinat Halle; 1990-96 Ausländerbeauftragter Sachsen-Anhalt; 1997-2004 Referent im Ministerium für Gesundheit und Soziales des Landes Sachsen-Anhalt.

Leidhold, Hans-Peter
Hans-Peter Leidhold, geb. 1934, studierte Geophysik/Mathematik (Diplom, KMU Leipzig), wissensch. tätig HS für Bauwesen Leipzig, 1969–1970 Leiter des Rechenzentrums, Fakultas Docendi; publizierte zwei Informatik-Lehrbücher, Promotion 1983 Dr. rer. nat.; 1991 Referent im Sächs. Staatsministerium für Wissenschaft und Kunst; 1992 Professor für Praktische Informatik an der HTWK Leipzig, Prorektor für Bildung bis zur Emeritierung 1999; Lehrtätigkeit bis 2000.

Lienert, Matthias
Matthias Lienert, geb. 1955 in Dresden/Radebeul, 1962 Besuch der Polytechnischen Oberschule, 1972 Lehrausbildung Staatsarchiv Dresden, 1974 Grundwehrdienst, 1976 Betriebsarchiv VEB Transformatoren- und Röntgenwerk Dresden, Besuch der Volkshochschule, Abiturs, 1979 Studium Humboldt-Universität, 1984 Universitätsarchiv der TU Dresden, 1992 Direktor des Universitätsarchivs der TU Dresden.

Lunkwitz, Klaus
Klaus Lunkwitz, geb. 1937; ab 1961 Assistent am Institut für Anorganische Chemie der TU Dresden, 1966 Promotion. Ab 1968 Leiter einer Forschungsabteilung im Kunstseidenwerk Pirna, ab 1971 am Institut für Technologie Dresden (ITF), 1981–1989 Abteilungsleiter, Verdienter Erfinder. 1990 erneute Promotion, ab 1992 Stellvertretender Direktor, 2002 Wissenschaftlicher Direktor des IPF, 1993–2002 Professur an der TU Dresden.

Markert, Matthias
Matthias Markert, geb. 1943, Thum im Erzgebirge; Abitur, ein Jahr Arbeit in der Industrie, 1962 TU Studium Dresden, Schwachstromtechnik, 1968 Diplom; Einberufungsbefehl zur NVA, wegen Ablehnung des Dienstes an der Waffe Dienst als Bausoldat. 1970 Entwicklungsbereich VEB Robotron, als 1985 militärische Produktentwicklungen beginnen, Übertritt in den evangelischen Kirchendienst.

Mettcher, Roland
Roland Mettcher, geb. 1949; Schulabschluss 10. Klasse; 1965 Ausbildung zum Mechaniker, 1969 Wehrpflicht NVA; 1971 Fa.Typoart und Fernstudium (FH), 1978 Hauptabteilungsleiter Technologie, Mitglied der Betriebsleitung, Leiter Produktion, Materialwirtschaft, Absatz; 1976–1982 Fernstudium TU Dresden, 1983–1988 Technologie-Projekte Kombinat NAGEMA; 1985 Ausreiseantrag. 1988 Übersiedlung in die BRD, 1988 Fertigungsplaner/Fertigungsleiter Amphenol-Tuchel, 1992 Produktionsleiter in der Lincoln GmbH Walldorf.

Mey, Roland
Roland Mey, geb. 1942 in Leutenberg (Thüringen); Abitur 1960, Physikstudium in Jena. 1965–1988 Fachhochschullehrer für Physik und Mathematik, 1986–1989 Busfahrer in Leipzig, 1989 Pförtner und Nachtwächter.
1989/90 Mitgründer der Leipziger SDP (später SPD), 1990–1994 Stadtverordneter, Mitglied im Leipziger Bürgerkomitee. 1990–1992 Direktor der VHS Leipzig, 1992–1998 Gymnasiallehrer. Seit 1999 gesellschaftspolitisch aktiv (Friedensrichter, Zeitzeuge, Vertrauensperson Volksbegehren Mitteldeutschland); Publikationen.

Meyer, Christian
Christian Meyer, geb. 1936 in Einbeck, ab 1939 in Dresden, besuchte Schulen in Waldheim und Döbeln, Abitur 1954. Ab 1954 Studium TU Dresden, nach der Flucht 1958 an der TU Hannover (Bauwesen). Ab 1961 im Prüfbüro für Baustatik in Holzminden, 1965 Baustellentätigkeit bei Holzmann AG, ab 1967 wissenschaftlicher Mitarbeiter und 1970 Assistent am Institut für Baustoffkunde der TU Hannover; 1973 Promotion (Leichtbeton). Seit 1976 selbstständig als Sachverständiger für Bauschäden; 2004 Ruhestand.

Mortzeck, Manfred
Manfred Mortzeck, geb. 1948 in Gera/Thüringen; Schule bis 8. Klasse, Malerlehre, Facharbeiter; NVA Wehrdienst, 1968 SDAG Wismut, 1971 Transportarbeiter unter Tage; Abendoberschule, Abitur, 1975 Pädagogikstudium, 1978 Exmatrikulation ohne Abschluss; Herstellung kunstgewerblicher Keramiken zur Finanzierung des Lebensunterhalts. 1983 Übersiedlung nach West-Berlin. 1983–1989 Studium FU Berlin Germanistik/Kunstgeschichte, Magister; 1991/92 Deutschlehrer Privatschule in Fulda (Hessen), 1992 Gera/ Jena; Betrieb eines Antiquariats bis 2014.

Müller, Christian
Christian Müller, geb. 1935 in Großröhrsdorf/Oberlausitz, absolvierte nach der Grundschule Werkzeugmacher-Lehre im Sachsenwerk Radeberg. 1954 Delegierung zur ABF der TH Dresden, danach Studium Luftfahrtwesen, später Fertigungstechnik (Diplom 1962). Rückkehr ins Sachsenwerk, später zum Mähdrescherwerk Bischofswerda. 1986 postgraduales Studium Fachübersetzer (Englisch), 1989 Aspirantur TU Dresden. 1991 Abwicklung des Werks, Vorruhestand

Otto, Ullrich
Ulrich Otto, geb. 1937 in Rostock als Sohn eines Bauunternehmers, (1956 Studium TH/TU Dresden, 1962 Bodenmechanisches Labor VVB Braunkohle Halle, 1964 VEB Projektierung Straßenwesen in Ost-Berlin; 1965 Flucht in die BRD.
1965 Julius Berger Wiesbaden (Second Mainlandbridge Lagos Nigeria), 1968 Ing.-Büro Leonhardt u. Andrä (Olympiadach München, Fernsehturm Köln), 1980 Ing.-Büro Schlaich Bergermann SBP (Schrägkabelbrücke in Kalkutta), 2003 freiberuflicher Ingenieur, u. a. Bauleitung Extradosed Brücke in Kalkutta).

Petzholtz, Wilhelm
Wilhelm Petzholtz, geb. 1942, Oberschule Potsdam; 1960–66 Studium an der TH/TU Dresden Technologie/Triebwerkfertigung; 1966/67 VEB Autowerk Ludwigsfelde; 18 Monate Wehrdienst, 1968–72 Assistent TU Dresden; 1972–76 VEB Fortschritt Landmaschinen; 1975 Promotion; 1976 Gruppenleiter Kraftfahrzeugtechnisches Amt Dresden. 1990 Gesellschafter „Kraftfahrzeugüberwachungsverein", Leiter Fahrerlaubniswesen für sechs ostdeutsche Bundesländer; 2002–2008 CIECA-Vizepräsident (Weltverband) für DEKRA.

Pontius / Anger, Martina
Martina Pontius, geb. Anger, geb. 1954; 1973–1977 Studium, Abschluss als Diplom-Lehrer für Deutsch und Kunsterziehung, 1977–1980 Lehrer in Leipzig, 1980–1995 wissenschaftliche Mitarbeiterin im Museum für Thüringer Volkskunde Erfurt, 1996–1999 Ausbildung zur Logopädin, 1999 bis heute Lehrlogopädin an der Höheren Berufsfachschule für Logopädie Erfurt.

Pötter, Karl-Friedrich
Karl-Friedrich Pötter, geboren 1946 in Weißenfels, Abitur 1965. 1965 Studium der Mathematik TU Dresden. 1971 Abschluss eines Forschungsstudiums, Promotion. 1971 bis 1990 Mitarbeiter im Kernkraftwerk Rheinsberg (Entwicklung reaktorphysikalischer Rechenprogramme) 1991 Mitbegründer der NIS Rheinsberg (Entwicklung von Rechenprogrammen für Industrie und Verwaltung) 1991 -2011 Prokurist und Standortleiter bei der NIS Rheinsberg; 2011 Honorarprofessor TH Wildau

Preuß, Hans Joachim
Hans-Joachim Preuß, Hans-Joachim Preuß, geb. 1932 in Frankenstein/Schlesien. 1950 Abitur an der Oberschule für Jungen in Jena/Thüringen. Feinmechaniker Lehre beim VEB Carl-Zeiss Jena. 1952 Facharbeiter Prüfung. 1956 Diplomingenieur Maschinenbau Technische Hochschule Dresden. 1957 Wissenschaftlicher Assistent am Lehrstuhl Chemische Verfahrenstechnik. 1958 Reaktorentwicklung bei Siemens in Erlangen. 1969 Hauptabteilungsleiter bei der Kraftwerk Union. 1995 Ruhestand. 2014 Drei Jahre in Nischni Nowgorod/Russland.

Proksch, Michael
Michael Proksch, geb. 1958 in Dresden, Abitur an der Spezialschule für elektronische Industrie, 18 Monate Grundwehrdienst, 1979 Studium der Gerätetechnik, 1981 freiberuflicher Musiker, 1982 Klavierstudium, 1983 versuchte Republikflucht, Verurteilung zu zwei Jahren und acht Monaten Gefängnis,
1985 Freikauf durch die Bundesrepublik. Fortsetzung der Klavier- und Kompositionsstudien in Genf, München und Berlin, freiberuflicher Komponist, Pianist und Autor in München, Veröffentlichungen, CD-Einspielungen und Filmmusiken.

Rath, Fritz
Fritz Rath, geb. 1938 in Naumburg/Saale, besuchte die Grund- und Oberschule; studierte ab 1956 an der TH/TU Dresden. Ab 1962 arbeitete er als Technologe im BMK Chemie Leuna, führte die Fließfertigung im Industriebau ein und war später Bauleiter in Sangerhausen sowie Projektleiter für Straßenbrücken in Erfurt. Von 1990 bis 2010 führte er das Ingenieurbüro Dr. Rath, spezialisiert auf Bauplanung, Beweissicherung, Holzschutz- und Wertgutachten. 1989 promovierte er an der Hochschule für Architektur und Bauwesen Weimar.

Rathenow, Lutz
Lutz Rathenow, geb. 1952 in Jena, Wehrdienst in den Grenztruppen, Studium Deutsch/Geschichte. 1973 Gründung des *oppositionellen* Arbeitskreis „Literatur und Lyrik Jena". 1976 Festnahme, Exmatrikulation kurz vor dem Examen. Transportarbeiter bei Carl Zeiss Jena; freier Schriftsteller in Ost-Berlin. 1980 Ermittlungen wegen seines im Westen erschienenen Buches „Ostberlin". Aktiver Bürgerrechtler. 1992 Rehabilitation und Diplomverleihung; 2011–2021 Sächsischer Landesbeauftragter für Stasi-Unterlagen.

Rompf, Peter
Peter E. Rompf, geb. 1940 in Preßburg (Slowakei), 1946 Vertreibung in die SBZ nach Erfurt, Verweigerung Abiturabschluß, Studium der Kirchenmusik in Erfurt, später Weimar (HfM). Seine Gemeindejugend- und soziale Arbeit bringt ihn in den Focus der Stasi, Exmatrikulation ohne Abschluß; Anfang der 1970er-Jahre Organist und Chorleiter in Frankfurt/oder, 1977 erpresste Ausreise aus der DDR.
1977 Stadtkantor in Schweinfurt, 1983 Gründung des Ensemble ProLaTio, Konzerte im In- und Ausland. 2024 Rehabilitierung durch die Stadt Frankfurt/Oder.

Rößler, Matthias
Matthias Rößler, geb. 1955 in Dresden, 1973 Abitur, anschließend Grundwehrdienst, 1975 Studium TU Dresden, Diplom, 1979–1985 Forschungsstudent/Assistent Hochschule für Verkehrswesen Dresden, 1983 Promotion, 1979–1989 Lehrveranstaltungen/Seminare an der TU Dresden zur Strömungsmechanik, 1985 Leiter eines Forschungsteams im Kombinat Lokomotivbau Henningsdorf.
1989 Mitglied des Sächsischen Landtags, 1994 Staatsm. für Kultus, 2002–2004 Staatsm. Wissenschaft/ Kunst, 2009-2024 Präsident des Sächsischen Landtags.

Schmiele, Joachim
Joachim Schmiele, geb. 1949 in Schwarzheide; 1955 Schule, Abitur, 1963 Berufsausbildung Elektromonteur, 1967 TU Dresden, 1971 Diplom. Aspirantur TH Leipzig, 1986 Promotion, Projektant, Entwicklungsleiter, Problemanalytiker.
1990 Mitglied der demokratisch gewählten Volkskammer der DDR, Parlamentarischer Geschäftsführer im Bundestag, Referent bei der Treuhandanstalt, Geschäftsführer/Vorstand / Berater mittelständischer Unternehmen

Schober, Helmar
Helmar Schober, geb. 1941, Mutter Lehrerin, Vater kaufmännischer Angestellter; 1947 Grundschule, 1955 Werkzeugmacherlehre, 1959 NVA; 1962 VEB Pentacon (Einsteller in Stanzerei), 1962 Mittlere Reife in der Volkshochschule, 1964 Direktstudium Ing.-Schule für Maschinenbau und Elektrotechnik Dresden, 1967–1990 VEB Pentacon, Konstrukteur, Technologe, Betriebsingenieur. 1968–1973 Abendfernstudium an der TU Dresden, Diplom 1973

Schwinkowski, Kurt
Kurt Schwinkowski, geb. 1936; Volksschule, 1951 Lehre, Maschinenschlosser, Technischer Zeichner bei VEB Erfurter Mälzerei, Abendoberschule und Abitur; 1957 TU Dresden, Diplom 1963; Projektingenieur, 1965 Gruppenleiter Projektierung im VEB Chemieanlagen Erfurt-Rudisleben; 1968 Fachgebietsleiter Emissionskontrolle und Fachgebietsleiter Umweltepidemiologie. 1983 Promotion an der TH Merseburg; 1991–2001 Referatsleiter/Referent für anlagenbezogenen Immissionsschutz im Thüringer Ministerium für Umwelt.

Kobe, Sigismund
Sigismund Kobe, geb. 1940 in Zella-Mehlis; 1959 Abitur, Immatrikulation TH Dresden, einjähriges Vorpraktikum im Schreibmaschinenwerk Dresden, 1960–1965 Studium der Kernphysik und Physik, 1965 Diplom; 1965–1992 Assistent, Lehrer im Hochschuldienst und Oberassistent an der Sektion Physik; 1971 Promotion, 1988 Dr. sc. nat., 1991 Dr. rer. nat. habil. (TU Dresden), 1992–2006 Professor am Institut für Theoretische Physik.

Stock, Betina
Betina Stock, geb. 1964, 1982 EOS Kreuzschule Dresden Abitur, 1-jähriges Pflege-Praktikum im Krankenhaus Weißer Hirsch, 1983-1988 Studium Arbeits- und Ingenieurpsychologie an der TU Dresden, 1988 -1990 Berufsberaterin für Schüler mit gesundheitlichen Einschränkungen, seit 1990 Berufs- und Studienberaterin.

Stötzer / Kachold, Gabriele
Gabriele Stötzer, geb. 1953 in Emleben, MTA-Ausbildung, 1973-1976 Studium/Exmatrikulation, Verhaftung und Inhaftierung Zuchthaus Hoheneck. Fabrikarbeiterin; Gründung der „Galerie im Flur" in Erfurt, wurde 1981 vom MfS geschlossen. 1980er-Jahre Veröffentlichungen in Untergrundzeitschriften, Performances mit Erfurter Künstlerinnengruppe. 1989 Mitinitiatorin der Erfurter Stasi-Zentrale Besetzung. Ab 1990 intern. Ausstellungen, ... lehrte Performance an der Universität Erfurt. Publikationen u.a. Der lange Arm der Stasi. 2013 Bundesverdienstkreuz.

Straßberger, Ingrid
Ingrid Straßberger geb. Friedrich, geb. 1943; 1961 Abitur; Medizinstudium in Budapest und Dresden, 1961– 1966; Assistenzärztin, Facharztausbildung; Fachärztin für Anästhesie; 1970 Promotion; 1979 Oberärztin;
1990 Gründung des Akademischen Beirats und Leitung der Personalkommission an der Medizinischen Akademie Dresden. 1991 Mitglied der Gründungskommission des Fakultätsrats und Senats; 1996–2004 Chefärztin im Krankenhaus Freital; 2000 Verdienstorden des Freistaates Sachsen.

Tremmel, Beate
Beate Tremmel, geb. 1956 (Beate Pieczonka) in Stalinstadt; 1974–1978 Studium an der Pädagogischen Hochschule Erfurt, 1978–1979 Lehrerin in Berlin für Kunst/Deutsch, 1980–1992 Lehrerin in Eisenhüttenstadt für Kunst und Deutsch, ab 1992 Mitarbeiterin für Kunst und Kultur im kommunalen Bereich der Stadt Eisenhüttenstadt (Kulturzentrum/Theater).

Ventzke, Michael
Michael Ventzke, geb. 1943 in Berlin, 1949 Grundschule in Berlin, 1957 Lehre als Elektromechaniker, 1960 ABF der Humboldt–Universität zu Berlin, 1962 Studium Regelungstechnik an der TU Dresden; 1965–1970 Fernstudium mit Abschluss Diplom; 1970–1990 Forschung und Entwicklung im Kombinat EAW Berlin und anschließend 1990–2002 Entwicklungsingenieur, 2002 Ausscheiden aus dem Unternehmen (58er-Regelung).

Wallmann, Hans-Johannes
H. Johannes Wallmann, geb. 1952 in Leipzig, aufgewachsen in Dresden; Studium in Weimar; kunstphilosophische Ausbildung bei dem in der DDR als „formalistisch" abgelehnten Maler Kurt W. Streubel; 1980 Meisterschüler für Komposition (AdK Ostberlin, F. Goldmann); 1986/88 DDR-Ausreiseantrag und Übersiedlung in die BRD. Zahlreiche Kompositionen für Kammer-, Orchestermusik und Landschaftsklänge, Rundfunk-Liveübertragungen; Publikationen zur Musik- und Zeitgeschichte; www.integral-art.de

Wedekind, Gerhard
Gerhard Wedekind, geboren 1935 in Günterode/Heiligenstadt, (1953 Abitur, Studium Pädagogisches Institut Mühlhausen, TH Dresden, 1960 Diplom.
Flucht in die Bundesrepublik, Entwurf, Planung und Ausführung von Industrie- und Kraftwerksbauten; 1980 bis 1990 Leiter Geschäftsbereich Stahlbau-Verkauf, Geschäftsführer Technik bei Stahlbau Schäfer GmbH, ab 1991 freier Ingenieur.

Wiemers, Gerald
Gerald Wiemers, geb. 1941; Studium Geschichte und neuere Sprachen (Martin-Luther-Universität Wittenberg, 1960), Archivwissenschaften (Humboldt-Universität Berlin, 1965–67). 1967 Universitätsarchiv Leipzig, 1968 Archiv Sächsische Akademie der Wissenschaften. 1992–2006 Archivdirektor Universität Leipzig; Habilitation und Professur. Publikationen zu Werner Heisenberg, politischem Widerstand in Mitteldeutschland und Mitherausgabe der Leipziger Universitätsmatrikel. 2003 Bundesverdienstkreuz am Bande, 2014 Bundesverdienstkreuz 1. Klasse.

Wonneberger, Ursula
Ursula Wonneberger, geb. 1953 in Fürstenberg/Oder; zehnklassige Oberschule, 1970 Ausbildung als Datenverarbeiter mit Abitur, 1973 Studium Ingenieurhochschule Dresden, Diplom (FH); Medienreferentin, Finanzdienstleisterin; Krippenmitarbeiterin, Organisatorin VEB Lufttechnische Anlagen Dresden.
Nach 1989: Vertriebsingenieur, Kundenberaterin, Bearbeiterin im Arbeitsamt Dresden, Start in die Selbstständigkeit.

Ziesecke, Peter
Peter Ziesecke, geb. 1940 in Kyritz, 1947 Grundschule, EOS, Abitur; zwei Jahre Militärdienst (NVA), Berufsausbildung Dreher; 1961 TU Dresden; Physikstudium, Maschinenbau 1968 Verhaftung, drei Jahre und sechs Monaten Gefängnis; 1973 Diplom im Fernstudium; 1982 Fachingenieur für Schweißtechnik.
1989 Technischer Direktor VVB-Zucker- und Stärkeindustrie, 1993 Liquidation; 13 Jahre selbstständig als Schuhhändler. Stasiakte: www.stasiopfer.com/ziesecke.

Zill, Wolfgang
Rainer Jork in seinem Beitrag „In Memoriam Wolfgang Zill" über ihn .Ein **Kommentar zeithistorisch** – Arbeitsplatz Verpflichtung ergänzt den Beitrag zu Wolfgang Zill.
Band 1, Seite 255

Literaturverzeichnis

Literaturverzeichnis

Bickhardt, Stephan: In der Wahrheit leben. Texte von und über Ludwig Mehlhorn (Schriftenreihe des Sächsischen Landesbeauftragten für die Stasi-Unterlagen, Bd. 13), Leipzig 2012.

Bielka, Heinz: Geschichte der Medizinisch-Biologischen Institute Berlin-Buch, 2. Aufl., Berlin/Heidelberg: S. 90–91.

Blutke, Günter: Obskure Geschäfte mit Kunst und Antiquitäten – ein Kriminalreport, Berlin 1994

Buthmann, Reinhard: Die Objektdienststellen des MfS (MfS-Handbuch). Hg. BStU, Berlin 1999,

Ebert, Dorothea / Proksch, Michael: Und plötzlich waren wir Verbrecher. Geschichte einer Republikflucht, München 2010.

Ernst, Christian (Hg.): Geschichte im Dialog?, DDR-Zeitzeugen in Geschichtskultur und Bildungspraxis, Schwalbach/Ts. 2014.

Grimmling, Hans-Hendrik / Liebermann, Doris: Die Umerziehung der Vögel – ein Malerleben, Halle 2008.

Hauswald, Harald / Rathenow, Lutz: Ostberlin – Leben vor dem Mauerfall. Mit einem Vorwort von Ilko-Sascha Kowalczuk, 6. erw. Aufl., Berlin 2014 (Erstauflage: Hauswald, Harald/Rathenow, Lutz: Ostberlin - Die andere Seite einer Stadt in Texten und Bildern, München/Zürich 1987).

Hüttmann, Jens / Mählert, Ulrich / Pasternack, Peer (Hg.): DDR-Geschichte vermitteln. Ansätze und Erfahrungen in Unterricht, Hochschullehre und politische Bildung, Berlin 2004.

Jahn, Roland: Wir Angepassten – Überleben in der DDR, München 2014.

Jesse, Eckhard (Hg.): Friedliche Revolution und deutsche Einheit – Sächsische Bürgerrechtler ziehen Bilanz, Berlin 2007.

Jesse, Eckhard / Schubert, Thomas (Hg.): Friedliche Revolution und Demokratie. Perspektiven nach 25 Jahren, Berlin 2015.

Kluge, Gerhard (Bearb.): Der „NATO-Professor" Walter Brödel. Dokumentation, herausgegeben vom Landesbeauftragten des Freistaates Thüringen für die Unterlagen des Staatssicherheitsdienstes der ehemaligen DDR, Erfurt, Juni 1999.
Knoblauch, Günter: Chronik einer angekündigten Flucht, BoD Norderstedt, 3. erw. Auflage 2024.

Knoblauch, Günter (Hg.): Der Schrei – Ein Buch gegen das absichtliche vergessen- Die Hochschule für Musik Franz Liszt Weimar, BoD 2023.

Knoblauch, Günter / Mey, Roland: Defekte einer Hochschulchronik – Die Hochschule für Musik Franz Liszt Weimar, Mitteldeutscher Verlag 2018.

Kobe, Sigismund: Rückblick auf TU-Initiativen beim Neubeginn, in: Der Neubeginn 1989 – Würdigung von TU-Initiativen zur Hochschulerneuerung zwischen 1989 und 1993 in Sachsen, Festveranstaltung am 14. Oktober 2003, Sammlung der Reden und Beiträge. Hg. v. A. Post, Dresden 2004, S. 46–71.

Leonhard, Wolfgang: Die Revolution entlässt ihre Kinder, Frankfurt am Main/Berlin 1961.

Lienert, Matthias: Zwischen Widerstand und Repression. Studenten der TU Dresden 1946–1989, Köln u. a. 2011.

Lietzmann, Sabina: Angst vor Infiltration, in: „Die Zeit", Jahrgang 1957, Ausgabe 23; im Internet unter:
http:// www.zeit.de/1957/23/angst-vor-infiltration (Zugriff 11.11.2015).

Mit dem Motorrad durch den Zeunerbau – Erinnerungen ehemaliger TU-Studenten. Hg. v. Zentrale Studienberatung, Absolventenreferat [Redaktion], Rektor der Technischen Universität Dresden, Dresden 2005.

Pommerin, Reiner: 175 Jahre TU Dresden. Geschichte der TU Dresden 1828–2003, Böhlau Verlag Köln, 2003.

Reichert, Steffen: Unter Kontrolle. Die Martin-Luther-Universität und das Ministerium für Staatssicherheit 1968–1989, 2 Bde., Halle 2007.

Rößler, Matthias: Selbstentstalinisierung – oder: Neue Kaderakten entstehen. In: Dresdener Tageszeitung „Union" vom 28./29.4.1990.

Sporn, Christiane: Musik unter politischen Vorzeichen, Friedberg 2007.

Tellkamp, Uwe: Der Turm, Frankfurt am Main 2008.

Wallmann, H. Johannes: Die Wende ging schief - oder warum Biografie mehr als nur eine rein persönliche Angelegenheit ist, Kadmos Berlin, 2009.

Zwischen Humor und Repression – Studieren in der DDR
Hg. Jork, Rainer / Knoblauch, Günter; Mitteldeutscher Verlag 2017

Zwischen Widerstand und Repression – Studenten der TU Dresden 1946-1989;
Matthias Lienert, Böhlau Verlag 2011

Operativer Vorgang „Kreis " – eine chronique ordinaire; Peter Rompf, scius-verlag,
1997 / 2016

Weiterführende Literatur

Wörterbücher und Nachschlagewerke zur DDR, die fundierte Informationen
zu Geschichte, Politik, Gesellschaft und Kultur bieten:

Lexika und Handbücher

Kleines politisches Wörterbuch,
Dietz Verlag, Berlin (Ost)] 1986.

„Lexikon der DDR"
Umfassendes Nachschlagewerk mit über 4.000 Stichwörtern zu Politik, Wirtschaft,
Kultur und Alltag; Klaus Schroeder (2006)

„DDR Handbuch"
Ein detailliertes Handbuch mit Analysen zu politischen und gesellschaftlichen Struk-
turen der DDR.
Richard Schröder, Rainer Eppelmann & Wolfgang Tischner (1996)

„DDR. Die Geschichte der Deutschen Demokratischen Republik"
Ein Standardwerk, das die gesamte Geschichte der DDR chronologisch aufarbeitet;
Manfred Görtemaker (2004)

Kleines Lexikon zur DDR-Geschichte"
Kompaktes Nachschlagewerk mit prägnanten Artikeln zur DDR-Historie und Aufarbeitung; Ilko-Sascha Kowalczuk & Stefan Wolle (2019)

Wissenschaftliche Standardwerke

„Die DDR: Eine Geschichte"
Tiefgehende Analyse der politischen, wirtschaftlichen und sozialen Entwicklungen
der DDR; Klaus Schroeder (2018)

„Der kurze Sommer der DDR: Die Revolution von 1989 in der DDR"
Ilko-Sascha Kowalczuk (2009)
„Opposition und Widerstand in der DDR"

DDR Grundwissen kompakt
Stefan Wolle
Standardwerk für alle DDR-Interessierte

Detaillierte Darstellung der friedlichen Revolution und des DDR-Endes;
Schwerpunkt auf Bürgerrechtler, Kirche und Dissidenten in der DDR.
Ehrhart Neubert (1998)

„Gesellschaftsgeschichte der DDR"
Soziologische Betrachtung der DDR als „Fürsorgediktatur" und ihrer gesellschaftlichen Strukturen; Hans-Ulrich Wehler (1999)

✳✳✳

Atlanten und Bildbände

„DDR-Atlas. Geschichte – Gesellschaft – Wirtschaft"
Zahlreiche Karten, Statistiken und Grafiken zur DDR-Geschichte;
Bundeszentrale für politische Bildung (2007)

„Bilderbuch DDR. Alltag zwischen Diktatur und Utopie"
Visuelle Dokumentation mit zahlreichen Fotos zur Alltagskultur der DDR;
Stefan Wolle (2018)

„Das große DDR-Buch"
Bildband mit Originaldokumenten und erklärenden Texten;
Peter Joachim Lapp (2020)

✳✳✳

Alltag und Kultur in der DDR

„Die heile Welt der Diktatur: Alltag und Herrschaft in der DDR 1971–1989"
Wichtige Studie zum Alltag und zu sozialen Anpassungsmechanismen;
Stefan Wolle (1998)

„Kultur in der DDR: Leben und Werk von Künstlern im Sozialismus"
Untersuchung der Literatur, Kunst und Musik in der DDR;
Wolfgang Emmerich (2009)

„Jugend in der DDR"
Studie über die Rolle der FDJ und die Sozialisation von Jugendlichen; Dorothee Wierling (2002)

***

Stasi und Repression

„Die Stasi: Geschichte und Aufarbeitung"
Fundierte Analyse der Staatssicherheit und ihrer Mechanismen; Ilko-Sascha Kowalczuk (2013)

„Das Ministerium für Staatssicherheit: Anatomie des Mielke-Imperiums"
Wissenschaftliche Untersuchung der Stasi-Strukturen und Methoden; Jens Gieseke (2006)

„Ich war Stasi-Spitzel"
Berichte ehemaliger IMs (Inoffizieller Mitarbeiter) und deren Rechtfertigungen; Peter Wensierski (2019)

Wörterbuch der politisch-operativen Arbeit
Hg. v. Ministerium für Staatssicherheit, Hochschule, Potsdam, April 1985, Geheime Verschlusssache GVS-0001, MfS JHS-Nr.: 400/81, Ausf., Bl. 1–282.

Das Wörterbuch der Staatssicherheit:
Definitionen des MfS zur „politisch-operativen Arbeit". Hg. vom Bundesbeauftragten für die Unterlagen des Staatssicherheitsdienstes der ehemaligen Deutschen Demokratischen Republik, Abt. Bildung und Forschung, 2. Aufl., Bonn 1993.

Abkürzungsverzeichnis des MfS
Häufig verwendete Abkürzungen und Begriffe des Ministeriums für Staatssicherheit. Hg. v. Bundesbeauftragten für die Unterlagen des Staatssicherheitsdienstes der ehemaligen Deutschen Demokratischen Republik; Blum, Ralf u. a. (Bearb.); 10. ergänzte und korr. Aufl., Berlin 2012.

Das Wörterbuch der Staatssicherheit
Definitionen zur politisch-operativen Arbeit,
Suckut, Siegfried (Hg.); 3. aktualisierte Auflage, Berlin 2001

***

Rezensionen zur Buchausgabe von 2017
Zwischen Humor und Repression – Studieren in der DDR

Rezensionen spielen eine wesentliche Rolle dabei, Publikationen bekannt zu machen. Sie erscheinen auf Veranlassung der Verlage in verschiedenen Medien – auf Buchportalen, in Magazinen, durch Mundpropaganda oder in sozialen Netzwerken. Welche Kanäle dafür geeignet sind, hängt sowohl vom Thema als auch vom wirtschaftlichen Potenzial einer Publikation für den Verlag ab.

Die Aufarbeitung der DDR-Vergangenheit ist jedoch kein wirtschaftlich attraktives Thema für Verlage, da die Zielgruppe klein ist. Viele Publikationen in diesem Bereich sind daher auf institutionelle finanzielle Unterstützung angewiesen. Die Beantragung solcher Fördermittel ist aufwändig und erfordert oft eine offizielle Trägerinstitution, was zusätzliche Hürden schafft.

Dem gegenüber steht der gesellschaftliche Nutzen historischer Aufarbeitung – ein Wert, der sich jedoch nur schwer messen lässt. Ohne eine fundierte Auseinandersetzung mit der Vergangenheit steigt die Gefahr, dass sich historische Muster wiederholen, insbesondere in Zeiten unerwarteter politischer Entwicklungen. Doch Aufarbeitung braucht Zeit – und genau diese scheint unserer Gesellschaft heute weniger zur Verfügung zu stehen als früher, wie aktuelle weltweite Entwicklungen zeigen.

Umso wichtiger sind Rezensionen von Leserinnen und Lesern sowie von Institutionen, die aus eigenem Antrieb kurze Bewertungen verfassen und in den Medien veröffentlichen. Auch kritische Rezensionen, die nicht im Sinne des Herausgebers ausfallen, sind wertvoll – sie eröffnen Diskussionsräume und fördern eine differenzierte Auseinandersetzung. Dass unsere Gesellschaft diesen Austausch noch ermöglicht, ist ein Privileg, das nicht selbstverständlich ist.

***

Die hier zusammengestellten Rezensionen unterstreichen die Bedeutung der Arbeit der Autoren, die mit dieser Publikationsreihe einem breiten Leserkreis zugänglich gemacht wird.

Sie spiegeln die persönlichen Meinungen der Rezensenten wider und müssen nicht zwangsläufig mit den Sichtweisen der Autoren oder des Herausgebers übereinstimmen. Wo es sinnvoll erscheint, werden sie daher durch ergänzende Kommentare in den Kontext eingeordnet.

Rezensionen können nicht nur die Leserinnen und Leser bereichern, sondern auch den Autoren und dem Herausgeber neue Perspektiven aufzeigen.

***

Hinweis:
Die im Folgenden angegebenen Links sind in der E-Book-Version aktiv

Deutschlandfunk / Andruck – Das Magazin für Politische Literatur

gesendet am 16.10.2017

Von Henry Bernhard |

Die Hochschulen der DDR waren nicht nur Institutionen von Wissenschaft und Lehre. Noch mehr waren sie Orte, an denen stromlinienförmige Sozialisten ausgebildet wurden. Schon die Zulassung zu einem Studium war ein Mittel, um junge Leute zu disziplinieren. Nachzulesen ist das im Sammelband „Zwischen Humor und Repression".

Die Studienzeit eignet sich hervorragend zur nachträglichen Verklärung. Die lustigen Abende, die Partys, die gemeinsamen Fahrten. All das kommt auch vor in dem umfangreichen Band „Zwischen Humor und Repression – Studieren in der DDR". Aber dem Leser vergeht das Lachen nur allzu schnell.

Studieren in der DDR war ein Privileg, das die Machthaber der SED von Anfang an gezielt vergaben: Soziale Herkunft, gesellschaftliches Engagement, Religionszugehörigkeit, Bekenntnis zum Sozialismus waren oft wichtiger als die intellektuelle Eignung zum Studium. Mit der Auswahl der Studenten wollte die SED einerseits jeden „bürgerlichen" Einfluss ausschalten und ihre eigene akademische Elite schaffen. Andererseits war die Zulassung zum Studium ein wirkmächtiges Mittel, um ganze Generationen von Abiturienten zu disziplinieren.

Ideologische Indoktrination

Das vorliegende Buch zeigt dies äußerst facettenreich anhand von 80 Zeitzeugenberichten. Ehemalige Studenten hauptsächlich der heutigen Technischen Universität Dresden, aber auch einiger anderer mitteldeutscher Hochschulen, berichten von ihren Erfahrungen – beginnend mit dem Studienjahrgang 1951 bis hin zum Studium am Ende der DDR. Dabei wird deutlich, dass die ideologische Indoktrination schon zu Beginn der DDR wesentlicher Bestandteil des Studiums war, wie zum Beispiel Günter Hermann berichtet. Er war ab 1951 Chemiestudent an der TH Dresden:

„Die ersten vier Semester erlebte ich als belastend durch die Vorlesungen und Seminare in Marxismus-Leninismus mit dem wöchentlich vorgeschriebenen Riesenpensum an Pflichtliteratur. Die Prüfungen glichen eher einem Verhör und der Erforschung des „Bewusstseins". Der Zwang zur Pflichtliteratur hatte natürlich Methode: Das Bewusstsein wurde damit angefüllt, quasi hypnotisch überfüllt; bei der geschickten Vernetzung von Propaganda mit

wissenschaftlichen Quellen musste sich mancher Zweifler fragen, ob der dialektische Materialismus nicht vielleicht doch in richtiger Weise die Welt und ihre Gesetze widerspiegelt?"

Politischer Druck auf Studenten

Jeglicher Widerspruch in ideologischen Fragen konnte zur Exmatrikulation führen, ebenso die Weigerung der Männer, den anfangs noch freiwilligen Wehrdienst zu leisten oder später, sich als Reserveoffizier zu verpflichten. Michael Proksch, ab 1979 Student der Gerätetechnik in Karl-Marx-Stadt, er-
innert sich:

„Bei der Einweisung in das Studentenwohnheim sagte mir die nette Leiterin, dass es gut wäre, wenn wir pro Zimmer die „Junge Welt" und das „Neue Deutschland" abonnierten, um dann hinter vorgehaltener Hand zu ergänzen:
Sie müsse eine Liste mit diesen Angaben weiterreichen."

Der politische Druck und die Schamlosigkeit, mit der die SED ihn ausübte, nahm nach dem Mauerbau noch einmal erheblich zu. Der Physikstudent Roland Mey erlebte 1961 an der Universität Jena, wie ein beliebter Mathematik-Professor als „NATO-Professor" diffamiert und ihm der Lehrauftrag entzogen
wurde:

„Wir hatten damals noch nicht vollständig begriffen, wie schnell und umfassend sich die ‚harte Zugriffsmöglichkeit' auf uns nach dem Bau der Berliner Mauer änderte. Als ich 2010 zum 45-jährigen Diplomjubiläum in Jena in geselliger Runde an unsere gemeinsame Studentenzeit erinnern wollte, interessierte sich keiner in der Gesprächsrunde für diese Fakten. Der Grund dafür: Mehrheitlich wurden meine Kommilitonen die Nachfolger ihrer damaligen akademischen ‚Gefängniswärter'. Ohne den Bau der Mauer hätten viele von uns nach dem Studium die DDR verlassen; hinter der Mauer wurden sie in großer Mehrheit SED-Mitglieder mit universitären Doktoren- und Professorenkarrieren und wollen heute nicht mehr an die eigene politische Vergangenheit erinnert werden."

Dieses Beispiel illustriert, dass es der SED gelungen war, eine neue akademische Elite heranzuziehen, die zum Ende der DDR hin immer unkritischer wurde und den Bezug zum freien universitären Denken endgültig verloren hatte.

Friedliche Revolution ohne Studenten

So zieht denn auch Matthias Rößler, der 1975 das Studium der Energieumwandlung an der TU Dresden begonnen hatte, ein bitteres Fazit.

„Bei einer dieser damaligen großen Demonstrationen in Dresden von manchmal 100.000 Menschen zogen wir auch einmal auf mein Drängen an den Studentenheimen der TU Dresden vorbei. Jedenfalls skandierten die Demonstranten immer wieder: „Kommt heraus und schließt euch an, wir brauchen jeden Mann!" Die Studenten glotzten [...] aus den hell erleuchteten Zimmern des Wohnheims, angeschlossen hat sich keiner. Es war ein Phänomen der friedlichen Revolution in der DDR und wohl einmalig in der europäischen Geschichte, dass die Studentenschaft nicht zu den Triebkräften einer revolutionären Bewegung gehörte."

Einig sind sich zumindest alle im Sammelband vertretenen ehemaligen Studenten der Ingenieurwissenschaften, dass die fachliche Qualität der Ausbildung sehr hoch war. Wenn auch Roland Mey einwirft:

„Hinter vorgehaltener Hand hieß es unter den Lehrern der naturwissenschaftlichen und technischen Fächer, dass wir auf dem Weg seien, anstelle von bautechnisch gebildeten Ingenieuren ‚Bauphilosophen mit militärischer Kampfbahnerfahrung' auszubilden."

Bei den geisteswissenschaftlichen Studienrichtungen, die nur am Rande vorkommen, sah es anders aus. Der Band zeigt neben der Hochschulpolitik der SED ein Füllhorn menschlichen Verhaltens, von moralischer Aufrichtigkeit über bedenkenlosen Opportunismus bis hin zu selbstbeschämenden Kniefällen und widerlicher Rücksichtslosigkeit um des eigenen Vorteils willen. Die Zeitzeugen schildern, dass die Hochschulen der DDR sich fast widerstandslos in das Machtgefüge der SED einfügten und bereit waren, jeden ideologischen Winkelzug mitzugehen.

Machtgefüge der DDR

Gerade an einem besonders brisanten Beispiel an der Pädagogischen Hochschule Erfurt zeigt der Band wohldokumentiert und aus verschiedenen Perspektiven beleuchtet die Exmatrikulation mehrerer politisch kritischer Studenten unter Einbeziehung von Hochschule, SED, Staatssicherheit, FDJ und auch der Kommilitonen.

In den knappen biographischen Skizzen der Autoren wird außerdem deutlich, dass fast nur parteitreue Akademiker aufsteigen konnten, während oftmals fähigere, aber politisch weniger Zuverlässige im Mittelbau der Hochschulen blieben. Nach 1989 konnten noch einige von ihnen im fortgeschrittenen Alter promovieren, sich habilitieren und mitunter auch zu Professorenwürden gelangen.

Die einzelnen Beiträge sind von durchaus unterschiedlicher stilistischer und inhaltlicher Qualität. Der nüchterne, sachliche Stil der ehemaligen Studenten meist technischer Fächer ist wohltuend, manchmal auch etwas sperrig, dann aber wieder humorvoll. Etwas mehr Lektorat, ein paar beherzte Streichungen und ein strenger Blick auf Redundanzen hätten dem Band gutgetan. Diese Mängel jedoch schmälern dessen Gesamtqualität nicht. Wer wissen will, wie es war, in der DDR zu studieren, ist mit diesem Buch gut beraten.

Link zur Rezension des DLF

***

Anmerkung des Herausgebers zur DLF-Buchbesprechung: "Etwas mehr Lektorat ... und weniger Redundanzen ...":
Wir als Herausgeber und unsere Lektorin, waren uns bewusst, dass jeder redaktionelle Eingriff von uns in das übergebene Material, kritisch betrachtet werden könnte. Daher haben wir uns darauf beschränkt, die Autoren beratend zu unterstützen, gezielt nachzufragen und sie – wo nötig – auf Kürzungen im Rahmen der Vorgaben hinzuweisen.
In einigen Fällen war es vertretbar, auf umfangreichere Eingriffe zu verzichten und stattdessen den individuellen Stil der Autoren zu bewahren. Manchmal haben daher bewusst „ein Auge zugedrückt".

***

JUNGE FREIHEIT– *Wochenzeitung für Debatte - LITERATUR / 21*
Zuckerbrot und Peitsche - Über das Studieren in der DDR berichtet ein Sammelband: Die erfolgreiche Ausbildung eines akademischen Mitläufertums im SED-System
Nr. 3 /18 | 12. Januar 2018

Von Paul Leonhard

Es ist wohl einmalig in der europäischen Geschichte, daß die Studentenschaft nicht zu den Triebkräften einer Revolution gehörte und eher als Gegenkraft in Erscheinung trat. So traten die Studenten der Karl-Marx-Universität Leipzig und die der Pädagogischen Hochschule Dresden als Gegendemonstranten auf dem Augustusplatz beziehungsweise bei der historischen Rede von Bundeskanzler Helmut Kohl vor der Ruine der Frauenkirche auf, schreibt der sächsische CDU-Politiker und frühere Kultus- und Wissenschaftsminister Matthias Rößler in seinem Beitrag für den Sammelband über „Studieren in der DDR".

Wie es dazu kam, daß ein Großteil der Studentenschaft dem Sturz des SED-Regimes passiv zusah und so die friedliche Revolution in der DDR zur „Angelegenheit der kleinen Leute" (Rößler) wurde, wird in der 552 Seiten starken Schrift deutlich, die Erinnerungsberichte von mehr als siebzig Zeitzeugen aus den 50er bis 80er-Jahren vereint, die primär an Dresdner Hochschulen studiert haben.

Tagtäglich vielen kleinen Repressionen ausgesetzt
Letzteres erklärt sich daraus, daß das Buchprojekt im Ergebnis der Tagung „Politisch motivierte Urteile und andere Formen der Repression gegen Studenten der TH/TU Dresden in der DDR" entstand, die 2009 in der Elbestadt stattfand. In der Diskussion sprach Günter Franke, der von 1962 bis 1968 an der TU Dresden studiert hatte, die sehr emotionalen Worte: „Hier wird immer nur über die großen Fälle gesprochen und nicht über die vielen kleinen Repressionen, denen wir damals täglich ausgesetzt waren."

Als Resultat wurden Absolventen gebeten, aufzuschreiben, was ihrer Meinung nach gut am Studium in der DDR war und worauf man hätte verzichten können. „Wir stießen auf Humor, interessante Details zum Studium und zu Rahmenbedingungen des studentischen Lebens, jedoch auch auf Zwänge und Repressionen, die heute noch sehr nachdenklich stimmen müssen," schreiben die Herausgeber Knoblauch und Rainer Jork. Wer sich die Mühe macht, die teilweise sehr unterschiedliche Erfahrungsberichte zu lesen, bekommt einen Einblick in die perfide Einschüchterungspolitik der SED gegenüber dem akademischen Nachwuchs. Die Einheitssozialisten hatten früh erkannt, dass es ihnen nicht gelingen würde, die technische und naturwissenschaftliche Intelligenz politisch zu vereinnahmen und setzten geschickt auf „Zuckerbrot und Peitsche".

Matthias Lienert, Studienjahrgang 1979 an der Humboldt-Universität Berlin, beschreibt, wie er in einer für ihn brenzlichen Situation „nur geringe und vorsichtige Solidarität selbst bei nahestehenden Menschen und Leuten, die der DDR eher ablehnend gegenüberstanden", erfuhr. Der spätere Diplom-Archivar zog daraus wie viele den Schluss, „dass es sich nicht lohnt, sich mit der sozialistischen Staatsmacht absichtlich oder unabsichtlich anzulegen".

Mit welcher Akribie Hochschulleitung, Staatssicherheit, Ministerien und Nationale Volksarmee zusammenarbeiteten, um zu verhindern, dass politisch unzuverlässige Elemente" trotz hervorragender fachlicher Eignung eine Studienzulassung erhielten, erfuhren viele der Betroffenen erst nach der Wende aus ihren Stasiakten.

Parallel dazu versuchte das „alteingesessene Bildungsbürgertum, den zugezogenen roten Herren und ihren Günstlingen zu widerstehen", wie Wolfgang Freese in seinem Bericht schreibt. Hochschullehrer der mittleren Ebene waren es, die ihre Beziehungen spielen, ließen, um in Ungnade gefallene Studenten vor der Exmatrikulation zu bewahren oder sie über den Job als Hilfsassistent finanziell zu unterstützen.

Wer von den einst das System hinterfragenden jungen Menschen schließlich allen Anfeindungen zum Trotz sein Diplom in der Tasche hatte, zog es vor, sich fortan in einer Nische der volkseigenen Industrie einzurichten. Dass diese Akademiker der Revolution häufig skeptisch gegenüberstanden, erklärt Lienert am Beispiel der Studenten aus den 80er-Jahren, die, letztlich fachlich hervorragend ausgebildet, „die realen politischen Verhältnisse als gegeben hinnahmen" und „damit objektiv auch Träger und Mitläufer des dem Untergang geweihten politischen Systems waren".

Link zur Rezension

***

Sächsischer Landesbeauftragter zur Aufarbeitung der SED-Diktatur
Pressemitteilung
vom 4. Oktober 2017
Von Maximilian Heidrich,

Zwischen Humor und Repression - Studieren in der DDR
Die von Rainer Jork und Günter Knoblauch herausgegebene Anthologie „Zwischen Humor und Repression – Studieren in der DDR. Zeitzeugen erzählen"
erscheint zur Frankfurter Buchmesse im Mitteldeutschen Verlag. Anhand von
70 Erlebnisberichten - vorrangig von ehemaligen Studentinnen und Studenten aus Dresden - wird der Alltag aber mehr noch die politisch-ideologischen
Nötigungen des Staates im Hochschulbereich quer durch die 40 Jahre DDR
erlebbar.
Den Autoren ist es mit ihren lebendigen Erzählungen gelungen, nachfühlbar
aufzuzeigen, wie die SED-Diktatur Lebensläufe prägte und, wo sie ihren
Machtgestaltungsanspruch nicht durchsetzen konnte, diese auch zerstörte.
Außerdem zeigen die Berichte von den Hochschulen in Dresden, Freiberg,
Karl-Marx-Stadt, Halle oder Erfurt auch die verschiedenen Verweigerungsarten der Studierenden. Humor fehlt da nicht und ist nicht nur im Titel vorhanden. Der ehemalige Jenenser Student Lutz Rathenow schreibt trotz des drohenden und später erfolgten Rauswurfs rückblickend: „Der Ärger machte
Spaß".
Das Buch brilliert darüber hinaus durch weiterführende Erklärungen, die Herstellung
historischer Bezüge, einen fulminanten Fußnotenapparat sowie eine immense Sammlung von Zeitdokumenten und Fotos. Es regt auf mehrfache
Weise zur Nutzung im Unterricht an (u.a. durch thematisch vertiefende QR-
Codes).
Der Landtagspräsident und ehemalige Student Dr. Matthias Rößler unterstreicht die Bedeutung des Bandes:
„Die versammelten persönlichen und damit subjektiven Erfahrungsberichte
sollen dazu beitragen, den jüngeren Generationen einen Zugang in diese Zeit
und die Studienbedingungen im ´real existierenden Sozialismus´ zu verschaffen. Nicht zuletzt soll der für alle Beteiligten schwierige Weg von der
ideologisch beherrschten ´Kaderschmiede´ zur freien Lehre und Forschung
nachzuvollziehen und die freiheitliche Demokratie als Chance zur Gestaltung
des akademischen Deutschlands im 21. Jahrhundert wahrzunehmen sein."
Mit dem 550-seitigen Buch findet ein mehrjähriges Projekt sein Ende, das
auch vom Sächsischen Landesbeauftragten gefördert worden ist.

Link zur Pressemitteilung

Literaturwelt. Das Blog.

Studieren hinter Mauern
Sonntag, 22.10.2017,
Autor Immo Sennewald

Der studierwilligen Jugend sei dieses Buch ans Herz gelegt –
Der studierwilligen Jugend sei dieses Buch ans Herz gelegt – und allen die hierzulande Hochschulpolitik machen. Rainer Jork und Günter Knoblauch haben einen enormen Schatz an Erfahrung von Zeitzeugen aus dem Alltag der sozialistischen Diktatur zusammengetragen, der zweierlei offenlegt: Neugier und Freude an selbständiger Arbeit sind mit bevormundenden und doktrinären Bildungssystemen kaum vereinbar – und andererseits lassen sich solche Systeme nur mit lebensfeindlichen, die Freiheit von Wissenschaft und Kunst erstickenden Maßnahmen aufrechterhalten, daran scheitern sie schließlich.

Um das zu zeigen, bedarf es keiner Polemik. Die Selbstauskünfte von Forschern, Ingenieuren, Lehrern, Künstlern aus vier Jahrzehnten des "Arbeiter- und Bauern-Staates" beweisen es; sie lesen sich obendrein spannender als jeder Krimi. Fast alle Erzähler wehrten sich einfallsreich – mit Intelligenz, Improvisation, Hilfsbereitschaft, mit bisweilen an den "braven Soldaten Schwejk" erinnerndem Witz – dagegen, sich von der SED, ihrer Stasi und ihren "Massenorganisationen" vereinnahmen zu lassen, immer von Exmatrikulation, gar Haft bedroht. Andere lernten nur, unauffällig durchzurutschen: Das Bild der Verhaltensmuster enthält zahllose Schattierungen von Grau – und einige Glanzlichter.

Vor allem die Älteren mit Studienbeginn in den 50er und 60er Jahren an der Dresdner TH/TU blicken auf Biographien zurück, die kurz angerissen, doch eindrucksvoll sind. Nach politischer Verfolgung verließen manche die DDR, einige erduldeten zuvor Stasi-Knast, alle haben den Wert von Meinungsfreiheit, freier Lehre, Forschung und Kunst durch spätere berufliche Leistungen bestätigt. Wer blieb, lebte mit Konflikten, wurde benachteiligt, tat sein Bestes in Familie und Beruf, engagierte sich in der Zeit des Umbruchs und der deutschen Vereinigung. Die Rückschau ist ohne Wehleidigkeit und Zorn. Ich habe das mit Respekt gelesen, erinnerte mich vergnügt meines eigenen Physikstudiums, der (gern geschwänzten) Vorlesungen und Seminare in „Gesellschaftswissenschaften", kurz „GeWi", also marxistisch-leninistischer Selbstbeweihräucherung. Sich zur Wehr zu setzen war abenteuerlich, voller tragischer und komischer Wendungen – so entstand mein Roman „Babels Berg". „Zwischen Humor und Repression" taugte als Stoffsammlung für etliche weitere.

Künstlerische, pädagogische Fächer und andere Hochschulorte (Leipzig, Weimar, Halle, Erfurt, Berlin, Karl-Marx-Stadt) kommen mit den Matrikeln der 70er und 80er Jahre zusätzlich in den Blick, nach den Einschnitten des Mauerbaus und des niedergeschlagenen Prager Frühlings verschärfte sich die wirtschaftliche Lage der DDR, die Stasi dehnte Überwachung und Repression aus. Das Studentenleben erzeugte trotzdem widerständige Unterströmungen. Es entstanden *"Soziotope des Ungehorsams"*. Die Ausweisung Wolf Biermanns 1976 polarisierte zusätzlich, der Staat reagierte paranoid mit noch mehr ideologischem Druck, noch mehr Verpflichtungen auf Wehrdienst und möglichst 100% Zustimmung bei Wahlen; die Stasi setzte noch mehr „Inoffizielle Mitarbeiter" (IM), subtilere Methoden bei Verhören und zersetzende Maßnahmen gegen „feindlich-negative Subjekte" ein, infiltrierte das Leben bis in letzte, private Winkel. Wer „Leitungsfunktionen" hatte, konnte nur mit persönlichem Risiko manchen Schüler oder Studenten vor Relegation bewahren. Dass es Lehrer und Vorgesetzte gab, die es wagten, gehört zu den positiven Erinnerungen damaliger Studenten ebenso, wie deren fachliche Qualifikation. Die Berichte sind akribisch mit Anmerkungen, Kommentaren zur Zeitgeschichte, Originaldokumenten, didaktischen Hinweisen und Angaben zur Entstehungsgeschichte ergänzt: Der Anhang bietet noch einmal interessanten, bis in die Aktualität führenden Lesestoff.

Keine Demokratie ist gegen totalitäre Strebungen immun – das liegt in ihrem Wesen. Zum Kern gehören Meinungs- und Informationsfreiheit. Die Herausgeber ermutigen zu fragen: Dürfen Schüler und Studenten sich kritisch äußern, ohne mit Gruppendruck, moralischer Erpressung, Verleumdung und Denunziation rechnen zu müssen? Werden konflikthaltige Fragen übergangen, gar erstickt? *Konfliktkultur ist, darüber belehrt der Blick in die klassischen wie die "sozialen" Medien* täglich, hierzulande weithin terra incognita. Noch jede Partei, Regierung, Korporation ist in Versuchung, ihr genehme Ansichten mit allem verfügbaren Druck in der Gesellschaft zu verbreiten – sei es fürsorglich bis zur Bevormundung der Wähler oder womöglich unter Bruch des Grundgesetzes gegen oppositionell Eingestellte. Wissenschaft, Kunst, Forschung und Lehre sind dem Grundgesetz desto enger verpflichtet: Es schützt die Rechte des Einzelnen, nicht die von Körperschaften und Ideologien. Menschen mit letzten Wahrheiten zu indoktrinieren – gleich ob Religion oder sonstige Heilslehre – widerspricht diesem Auftrag. Umso erfreulicher und wichtiger ist das Erscheinen dieses Buches.

Link zur Rezension

***

DRESDENER NEUESTE NACHRICHTEN

Veröffentlicht: Montag, 13.11.2017

Von Heiko Weckbrodt

Humor und Repression - Sammelband zum DDR-Alltag an der TU Dresden und anderen Unis

Die praktischen Spielräume an Universitäten zu DDR-Zeiten versuchen Rainer Jork und Günter Knoblauch in ihrem neuen Band „Zwischen Humor und Repression – Studieren in der DDR" auszuloten. Darin schildern 84 ehemalige Studenten und Dozenten ihre Erlebnisse an der Technischen Universität Dresden (TUD) und weiteren ostdeutschen Unis vor der Wende.

Die politisch gesetzten Grenzen und praktischen Spielräume an Universitäten zu DDR-Zeiten versuchen die Herausgeber Rainer Jork und Günter Knoblauch in ihrem neuen Sammelband „Zwischen Humor und Repression – Studieren in der DDR" auszuloten. Darin schildern 84 ehemalige Studenten und Dozenten ihre Erlebnisse an der Technischen Universität Dresden (TUD) und weiteren ostdeutschen Unis vor der Wende. In verdienstvoller Fleißarbeit haben die Herausgeber diese subjektiven Erinnerungen durch zeitgeschichtliche Anmerkungen, Erläuterungen und einen Anhang über studentische Kultur in der DDR ergänzt.

Obgleich Jork und Knoblauch auf eine theoretische Kommentierung verzichten, wird doch deutlich: Es gibt keine einfache Antwort auf die Frage, ob und wie man sich verbiegen musste, um in der DDR zu studieren. Eher gibt es viele Antworten, die vom konkreten Fall, von Ort und Zeit stark abhängen.

Beispielhaft sei der Maschinenbauer Gerhard Hönisch genannt, dem die Partei in den 1950ern und 60ern immer wieder beruflich Steine in den Weg legte, dessen Telefon nach eigener Einschätzung überwacht wurde und der erst nach der Wende die längst fällige Professur bekam. Oder der Chemiker Gerhard Wedekind, der kurz vor dem Mauerbau in den Westen flüchtete, weil er sich vom „ungerechten, heimtückischen und gefährlichen" DDR-Staat als Christ „überall beschnitten und meiner Grundrechte beraubt" sah.

Und da gab es die anderen wie den Informatiker Ralf Anders, der sein Studium in den 1980ern an der TU Dresden „für mein Leben als eine Bereicherung" empfand, obwohl auch er zeitweise hart am Rande zur Exmatrikulation aus politischen Gründen wandelte. Oder Joachim Klose, der es schaffte, seinen Wehrdienst als Bausoldat zu absolvieren – und dennoch ein Physikstudium bekam.

Versuche, Studenten wie Lehrkräfte auf SED-Linie zu bringen, gab es zu allen Zeiten, das spiegelt sich klar in den Zeitzeugen-Berichten. Meist durch eine Politik der vielen kleinen Nadelstiche von vielen Seiten, durch „Zuckerbrot und Peitsche". Eher selten durch massive, offensichtliche Sanktionen. Deutlich ist indes die Zäsur 1961: Noch in den Berichten aus den 1950ern findet sich oft Fundamentalopposition zum kommunistischen Regime – zu einer Zeit also, als es noch die Alternative gab, „in den Westen abzuhauen", wenn es Stasi und SED zu bunt trieben. Nach dem Mauerbau dominierte hingegen in der weitgehend abgeschotteten Blase namens DDR der ständige Aushandlungsprozess zwischen Herrscherkaste und Beherrschten, was an Kritik „gerade noch erlaubt" war und was nicht. Dieser Verhandlungsraum sei „der zwischen minimalem Kompromiss und vorauseilendem Gehorsam" gewesen, meint der bereits erwähnte Katholik und Physiker Joachim Klose. „Jeder Einzelne hat zu verantworten, wie sehr er sich auf das System eingelassen hat." Gleichzeitig ist er überzeugt: Ja, es war „möglich, in der DDR aufrecht zu gehen".

Die hier zitierten Beispiele deuten es schon an: „Zwischen Humor und Repression" zeichnet eher ein heterogenes Puzzle als ein geschlossenes Gesamtbild über den universitären Alltag im SED-Staat. Wünschenswert wäre, dieses noch unrepräsentative Wimmelbild durch Zeitzeugenberichte aus weiteren ostdeutschen Unis und Hochschulen zu ergänzen.

Seine Dresden-Lastigkeit erklärt sich aus den Ursprüngen des Bandes: Entstanden war dieses Konvolut nach einer TUD-Tagung im Jahr 2009, die sich mit politischen Urteilen gegen Studenten in Dresden beschäftigte. Damals hatten der seinerzeit amtierende TUD-Rektor Prof. Hermann Kokenge wie auch Tagungs-Leiter Jürgen Engert dafür plädiert, Berichte über Einzelschicksale zu sammeln und zu einer Dokumentation über den universitären Alltag im 20. Jahrhundert zusammenzufügen.

Repräsentativ mag die daraus entstandene Anthologie nicht sein, wie DDR-Forscher Prof. Eckhard Jesse schon im Vorwort betont. Auch ist dieser Band kein „Erklärbuch" aus einem theoretischen Guss. Aber als Quellensammlung für weitere Forschungen ist sie von unschätzbarem Wert. „Das Sammelwerk vermeidet beides: Dämonisierung und Verharmlosung der universitären Kaderschmiede", meint Eckhard Jesse. „Grautöne überlagern oft Schwarz-Weiß-Bilder."

Link zur Rezension

***

Hannah-Arendt-Instituts für Totalitarismusforschung e. V. an der TU Dresden.

4. September 2017
Von Dr. Clemens Vollnhals, Stellvertretender Direktor

"Zwischen Humor und Repression - studieren in der DDR"

Die Anthologie gibt mit über 80 Zeitzeugenberichten einen facettenreichen Einblick in die Studienbedingungen an den Hochschulen, vor allem der 1950 bis 1970er Jahre Zu Wort kommen vor allem Studenten der TH/TU Dresden aus technischen und naturwissenschaftlichen Fächern, die aus ganz unterschiedlichen Gründen „angeeckt" sind und deshalb mit dem SED-Staat in Konflikt gerieten. Manche von ihnen gingen später in den Westen, andere verblieben in der DDR. Die subjektive Sicht der Zeitzeugen ergibt in der Zusammenschau ein sehr anschauliches und differenziertes Bild der studentischen Lebenswelt. Insofern ist der Titel treffend gewählt.

Besonders hervorzuheben ist die didaktisch gute Aufbereitung. Ein Glossar mit Erläuterungen zu historischen Bezügen, Verweise auf Zeitdokumente und weiterführender Literatur prädestinieren diesen Band zum Einsatz im Unterricht.

***

Damals – Das Magazin für Geschichte

3/2018, Seite 49
Studieren in der DDR

Was bedeutete es, in der DDR zu studieren?
Welche Möglichkeiten gab es, und unter welchen Repressionen litten die Studenten? Ein Projekt mit Zeitzeugen an der Technischen Universität Dresden gibt für die Zeit zwischen 1950 und 1990 Antworten auf diese Fragen.
Nicht alles wird im Nachhinein von den Befragten als negativ beurteilt: In vielen Berichten zur Studienzeit finden sich zunächst einmal Zufriedenheit über die fachlich gute Ausbildung, auch Erzählungen von studentischen Freundschaften und Geselligkeit. Man las heimlich Verbotenes, doch politische Kritik durfte nicht offen geäußert werden. Anpassung war gefordert, zumal die Stasi ihre Spitzel in den Seminaren platziert hatte.
Neben dem Studium galt es so manche „Einsätze" zu überstehen: So mussten Studenten in den 1950er Jahren aufs Land fahren, um Bauern dazu zu bringen, in eine LPG einzutreten. Im Ergebnis findet sich manch Erheiterndes, aber auch vieles, das nachdenklich stimmt, denn die DDR-Universität ließ so manche Biografie zurück. ht

Freie Universität Berlin - Forschungsverbund SED-Staat

ZdF-Redaktion, Ausgabe Nr. 42/2018 - Mai 2018
von Dr. Jochen Staadt

Den Anstoß zu diesem Buch gab eine 2009 von der Technischen Universität Dresden ausgerichtete Tagung zum Thema „Politisch motivierte Urteile und andere Formen der Repression gegen Studenten der TH/TU Dresden in der DDR". Der damalige Rektor der TU, Herrmann Kockenge, der sich nicht nur mit dieser Tagung intensiv um die Aufarbeitung der Universitätsgeschichte bemüht hat, wies damals darauf hin, dass eine tiefergehende Untersuchung der alltäglichen Repressionsmechanismen im Universitätsbetrieb noch aussteht.

Die Herausgeber des vorliegenden Bandes waren selbst Studenten der TU Dresden. Es gelang ihnen zahlreiche Kommilitonen als Zeitzeugen zu gewinnen, die den Band mit persönlichen Geschichten über ihre Studienzeit und die dabei gesammelten Erfahrungen zu einem ebenso spannenden wie aufschlussreichen Dokument des "gelebten Lebens" in der DDR machen. Es ist der Sorgfalt, Ausdauer und Mühe von Günter Knoblauch und Rainer Jork zu verdanken, dass diese besondere Universitätsgeschichte aus der Perspektive mehrerer Studentengenerationen überhaupt zustande gekommen ist.

Über ihre persönliche Motivation für das beeindruckende Zeitzeugenpanorama, das dieses Buch nach jahrelangen beharrlichen Recherchen präsentiert, schreiben die Herausgeber: „Es gilt zu verhindern, dass die DDR-Vergangenheit unter dem real existierenden Sozialismus heute verklärt und verharmlost wird. Die Freiheit von Studium und Lehre ist allzeit ein hohes Gut!"

Man muss vor allem wünschen, dass möglichst viele heute und künftig an der TU-Dresden Studierende sich der Erinnerungen der Alumni aus der DDR-Zeit ihrer Universität zu Gemüte führen."

Link zum Beitrag

***

NOMOS Verlagsgesellschaft

Jahrbuch Extremismus & Demokratie, 30.2018
Zwischen Humor und Repression – Studieren in der DDR.
Zeitzeugen erzählen,
Halle (Saale) 2017 (Mitteldeutscher Verlag), 548 S.

Ziel des Bandes ist weniger die wissenschaftliche Aufarbeitung der Studien-
bedingungen in der DDR denn der subjektive Blick auf das dortige studenti-
sche Leben. Dies gelingt durch zahlreiche, meist nur wenige Seiten umfas-
sende Erlebnisberichte von Zeitzeugen. In der Gesamtschau ergibt sich ein
facettenreiches Bild, das den Widerspruch zwischen Wissenschaft und Dik-
tatur offenlegt.
Kommentierte Bibliographie

***

Buchmesse Leipzig 2018 - im Rahmen Leipzig liest

Lesung BStU-Außenstelle Leipzig, 16.03.2018 - 18 Uhr
Moderation: Christian Dierich, Landesbeauftragter des Freistaates
Thüringen zur Aufarbeitung der SED-Diktatur (ThLA)

Es lasen die Zeitzeugen: Dr. Martin Böttger, Reinhard Keller, Gabriele Stöt-
zer, Martina Pontius und Prof. Hans-Hendrik Grimmling

Link zur Veranstaltung

***

Publizist.Wordpress

Literarisches Weblog vom Deutschen Literaturarchiv Marbach
Studieren hinter Mauern
Link zur Seite

***

Dresdener Universitätsjournal

Ausgabe 18/2017 veröffentlicht 13.11.2017, Seite 3
Aufrechter Gang war möglich
Sammelband „Zwischen Humor und Repression" skizziert in Zeitzeugenbe-
richten den DDR-Alltag an der TU Dresden und anderen Hochschulen

Link zum vollständigen Beitrag...

Oiger - Neues aus Wirtschaft und Forschung,

19.November 2017
von Heino Weckbrodt

Aufrechter Gang war auch in der DDR möglich

Sammelband "Zwischen Humor und Repression" skizziert in Zeitzeugenberichten den DDR-Alltag an der TUD (Technische Universität Dresden) und anderen Unis.

Die politisch gesetzten Grenzen und praktischen Spielräume an Universitäten zu DDR-Zeiten versuchen die Herausgeber Rainer Jork und Günter Knoblauch in ihrem neuen Sammelband „Zwischen Humor und Repression – Studieren in der DDR" auszuloten. Darin schildern 84 ehemalige Studenten und Dozenten ihre Erlebnisse an der Technischen Universität Dresden (TUD) und weiterer ostdeutschen Unis vor der Wende. In verdienstvoller Fleißarbeit haben die Herausgeber diese subjektiven Erinnerungen durch zeitgeschichtliche Anmerkungen, Erläuterungen und einen Anhang über studentische Kultur in der DDR ergänzt.

Obgleich Jork und Knoblauch auf eine theoretische Kommentierung verzichten, wird doch deutlich: Es gibt keine einfache Antwort auf die Frage, ob und wie man sich verbiegen musste, um in der DDR zu studieren. Eher gibt es viele Antworten, die vom konkreten Fall, von Ort und Zeit sehr stark abhängen.

„Als Christ überall beschnitten und meiner Grundrechte beraubt"

Beispielhaft sei der Maschinenbauer Gerhard Hönisch genannt, dem die Partei in den 1950ern und 60ern immer wieder beruflich Steine in den Weg legte, dessen Telefon nach eigener Einschätzung überwacht wurde und der erst nach der Wende die längst fällige Professur bekam. Oder der Chemiker Gerhard Wedekind, der kurz vor dem Mauerbau in den Westen flüchte, weil er sich vom „ungerechten, heimtückischen und gefährlichen" DDR-Staat als Christ „überall beschnitten und meiner Grundrechte beraubt" sah.

„Für mein Leben als eine Bereicherung"

Und da gab es die anderen wie den Informatiker Ralf Anders, der sein Studium in den 1980ern an der TU Dresden „für mein Leben als eine Bereicherung" empfand, obwohl auch er zeitweise dünn am Rande zur Exmatrikulation aus politischen Gründen wandelte. Oder Joachim Klose, der es schaffte, seinen Wehrdienst als Bausoldat zu absolvieren – und es dennoch ein Physikstudium bekam.

Mit dem Mauerbau änderten sich die Spielregeln

Versuche, Studenten wie Lehrkräfte auf SED-Linie zu bringen, gab es zu allen Zeiten, das spiegelt sich klar in den Zeitzeugen-Berichten. Meist durch eine

Politik der vielen kleinen Nadelstiche von vielen Seiten, durch „Zuckerbrot und Peitsche". Eher selten durch massive, offensichtliche Sanktionen. Deutlich ist indes die Zäsur 1961: Noch in den Berichten aus den 1950ern findet sich oft Fundamentalopposition zum kommunistischen Regime – zu einer Zeit also, als es noch die Alternative gab, „in den Westen abzuhauen", wenn es Stasi und SED zu bunt trieben. Nach dem Mauerbau dominierte hingegen in der weitgehend abgeschotteten Blase namens DDR der ständige Aushandlungsprozess zwischen Herrscherkaste und Beherrschten, was an Kritik „gerade noch erlaubt" war und was nicht.

„Verhandlungsraum zwischen minimalem Kompromiss und vorauseilendem Gehorsam"

Dieser Verhandlungsraum sei „der zwischen minimalem Kompromiss und vorauseilendem Gehorsam" gewesen, meint der bereits erwähnte Katholik und Physiker Joachim Klose. „Jeder Einzelne hat zu verantworten, wie sehr er sich auf das System eingelassen hat." Gleichzeitig ist er überzeugt: Ja, es war „möglich, in der DDR aufrecht zu gehen".

Die hier zitierten Beispiele deuten es schon an: „Zwischen Humor und Repression" zeichnet eher ein heterogenes Puzzle als ein geschlossenes Gesamtbild über den universitären Alltag im SED-Staat. Wünschenswert wäre, dieses noch unrepräsentative Wimmelbild durch Zeitzeugenberichte aus weiteren ostdeutschen Unis und Hochschulen zu ergänzen.

Ursprung war Tagung an der TU Dresden

Seine Dresden-Lastigkeit erklärt sich aus den Ursprüngen des Bandes: Entstanden war dieses Konvolut nach einer TUD-Tagung im Jahr 2009, die sich mit politischen Urteilen gegen Studenten in Dresden beschäftigte. Damals hatten der damalige TUD-Rektor Prof. Hermann Kokenge wie auch Tagungs-Leiter Jürgen Engert dafür plädiert, Berichte über Einzelschicksale zu sammeln und zu einer Dokumentation über den universitären Alltag im 20. Jahrhundert zusammenzufügen.

Grautöne statt Schwarz-Weiß

Repräsentativ mag daraus entstandene Anthologie nicht sein, wie DDR-Forscher Prof. Eckhard Jesse schon im Vorwort betont. Auch ist dieser Band kein „Erklärbuch" aus einem theoretischen Guss. Aber als Quellensammlung für weitere Forschungen ist sie von unschätzbarem Wert. „Das Sammelwerk vermeidet beides: Dämonisierung und Verharmlosung der universitären Kaderschmiede", meint Eckhard Jesse. „Grautöne überlagern oft Schwarz-Weiß-Bilder."

Link zum vollständigen Beitrag

Die Sicht der Autoren auf Zwischen Humor und Repression

Rezensionen in Rundfunk und Presse geben Hinweise auf die Bedeutung einer Publikation. Doch wie ist eigentlich die Sicht der Autoren, wenn sie Ihren eigenen Beitrag im Kontext mit den anderen sehen?

Dr. Christian Beinhoff, A-1080 Wien
21. August 2017

... mit dem Erscheinen des Buches hat sich bei mir eine große Spannung gelegt. Immer, wenn ich an die siebzig Berichte dachte, die auf ihre Veröffentlichung warteten, stellte sich bei mir die leise Befürchtung ein, dass nicht wenige von „Ostalgie" geprägt sein könnten. Wie ich jetzt sehe, ist das ganze Gegenteil der Fall. Nach der Lektüre erkenne ich im Jahr 2017, dass die Repression an den Hochschulen der DDR noch viel schlimmer gewesen ist, als ich sie selbst - trotz sehr wachen Blicks - wahrgenommen hatte. Nach über 50 Jahren dreht sich bei mir noch der Magen um, wenn ich lese, mit welchen perfiden Maßnahmen die Vertreter des geistigen Mittelmaßes ihren Herrschaftsanspruch gegenüber verantwortungsbewußten , intelligenten, jungen Leuten durchsetzten, sie zu manipulieren versuchten, ausgrenzten, nach Belieben einsperrten oder verkauften. Die Diktatur des Proletariats hätte nicht besser beschrieben werden können als unter dem Aspekt des studentischen Alltags.

Ich bin sicher, dass Sie mit Ihrem Buch eine ganz große Lücke für die Beurteilung und das Verständnis dieses wichtigen Kapitels der deutschen Nachkriegsgeschichte gefüllt haben. Für Ihre erfolgreichen Bemühungen zur Finanzierung und die gewissenhafte Redaktionsarbeit danke ich Ihnen von ganzem Herzen.

***

Guntram Glöde, Oberhaching/München
27. August 2017

.... ich habe Freitag/ Samstag/ Sonntag das Buch in einem Schnelldurchgang gelesen -- ich bin begeistert. Ich bin vor allem auch beeindruckt davon, wie alle Autoren (ohne sich zu kennen) ihre Studienzeit identisch einschätzen: hohes fachliches Niveau mit stark engagierten Lehrkräften, außerhalb des fachlichen Studiums aber stark eingeengt bis zur Gängelei und nur mit mehr oder weniger starkem Verbiegen bis zum erfolgreichen Studienabschluß zu "gestalten". Eigentlich beschreibt dieses Buch sehr schön in den Berichten der einzelnen Autoren, wie es langfristig zwangsläufig zum Scheitern dieses Systems kommen mußte: die Unfähigen hatten das Sagen !

Interessant ja auch die einzelnen Lebensläufe, alle die resignierend aufgegeben haben und unter mehr oder weniger Risiko den Weg auf die westliche Seite wählten, sind hier auch was geworden. Man kann daraus nur folgern, es sind nicht die Schlechtesten gegangen, und die müssen wohl "drüben" gefehlt haben.

Damit komme ich zu den Seiten 470 ff, die ich sehr wertvoll finde. Natürlich liest man von den weniger oder nicht Erfolgreichen nicht in dem Buch, die haben sich nicht zu Wort gemeldet. Deshalb finde ich die Aufbereitung am Ende auch sehr gut gemacht, nämlich die Ermutigung, die Zeitzeugenberichte auch kritisch zu hinterfragen, in den zeitlichen Kontext zu stellen, als einen "Schnappschuß" jener Zeit zu betrachten, und nicht als "die Zeit".

Erfreut habe ich gelesen, daß der "Prager Frühling" zu jener Zeit genau diese "Wertigkeit" unter der studentischen Jugend hatte, die ich immer vermutet und erhofft habe, derer man sich aber nicht vergewissern konnte zu jener Zeit. Es zieht sich doch in vielen Beiträgen aus diesen Jahren als Hoffnung, und möglicherweise wie bei mir, als Wendepunkt (mit der brutalen Niederschlagung) durch viele Biographien.

Es bleibt zu hoffen, daß dieses Buch auch eine entsprechende Resonanz findet und der Wunsch vieler Autoren erfüllt wird, daß sich die heutige studentische Jugend des Stellenwertes der freien Lehre und des Studierens ohne ideologische Gängelei bewußt sein möge.

***

Prof. Sigismund Kobe
Technische Universität Dresden, Institut für Theoretische Physik
1. September 2017

... Ich möchte die umfangreiche herausgeberische Arbeit würdigen. Das geht weit über das hinaus, was üblich ist. Großartig !

***

Lutz Rathenow, Dresden
Sächsischer LBA
10. September 2017
Das Buch "Zwischen Humor und Repression"

Das Buch ist gut und spannend, es hängt aber auch zwischen Baum und Borke - im Vergleich zu den Studien für die Universitäten Jena/Halle ist es nicht durchgeschrieben wissenschaftlich, für lebendige Erzählungen (die es an vielen Stellen bietet !!) ist die Verpackung sehr opulent und doch nüchtern. Aber die Quadratur des Kreises geht nicht, das Buch kommt ihr erstaunlich nahe.

***

Prof. Dr.-Ing. H.-J. Hardtke, TU Dresden
10. September 2017
Das Buch "Zwischen Humor und Repression"

Ich glaube, dass es ein wichtiges Zeugnis zur Aufarbeitung der DDR-Geschichte darstellt. [... Ich freue mich auch über die Unterstützung durch unseren Landtagspräsidenten [...] der besonders unserem Anliegen verbunden ist.

***

163

Danksagung der Herausgeber an alle Unterstützer der Buchausgabe 2017

Die Buchausgabe von 2017 wäre ohne die Unterstützung zahlreicher engagierter Menschen nicht möglich gewesen. Besonders bemerkenswert ist, dass Absolventen offen über ihre Studienzeit berichteten – mit all ihren Hoffnungen, aber auch wie sie unter den Repressionen des Staates litten.
Es war keineswegs selbstverständlich, dass ein solches Projekt auf breite Zustimmung traf.

Früh wurde deutlich, dass eine Publikation dieser Größenordnung für Verlage wirtschaftlich nicht umsetzbar war. Daher mussten wir nach finanzieller Unterstützung und einer tragenden Institution für das Projekt suchen.

Auf diesem Weg begegneten wir nicht nur Wohlwollen, sondern auch Widerständen – von offener Ablehnung bis hin zu subtilen Formen der Sabotage. Dies wird sowohl in Band 1 „Ein Vorwort und gleichzeitig ein Rückblick" als auch in Band 2 „Die Ablehnung der Trägerschaft" thematisiert.
Umso wichtiger ist es, all jenen zu danken, die dieses Vorhaben trotz aller Widerstände ermöglicht haben. Nicht alle Unterstützer können hier namentlich genannt werden, doch ihre Beiträge bleiben unvergessen.

Die Publikation von 2017 beweist, dass ein derart umfassendes Projekt mit der Hilfe vieler engagierter Mitstreiter realisiert werden konnte. Sie alle teilten die Überzeugung, dass die Aufarbeitung der Vergangenheit von großer Bedeutung ist.

∗∗∗

Text der Danksagung von 2017
Namen und Funktionen sind auf Stand 2017

Die Sammlung von Zeitzeugenberichten lebt von den Autorinnen und Autoren. Ihnen gilt unser erster Dank für die Abfassung ihrer Berichte, für die Bereitstellung der Fotos und persönlichen Dokumente.

Mit viel Engagement, Sorgfalt und Zuverlässigkeit sorgte unsere Lektorin, Frau Dr. Birgit Scholz, dafür, dass für den Inhalt des Werkes eine gut überschaubare Form gefunden werden konnte. Wir sind ihr sehr verbunden.

Die Förderung des Projektes durch die Bundesstiftung zur Aufarbeitung der SED-Diktatur in Berlin war die wesentliche Voraussetzung für dessen praktische Umsetzung. Hier waren es Dr. Jens Hüttmann, und Rigo Hopfenmüller, die dieses Projekt engagiert betreuten, für Fragen und Probleme zur Verfügung standen.

Ohne einen Träger hätten wir keine Fördermittel beantragen können. Wir danken dem Landrat des Kreises Meißen, Arndt Steinbach, der uns den Weg zur Stiftung Leben und Arbeit in Wilsdruff öffnete sowie dort den Herren Martin W. Reinhuber und Michael Hähnel, die uns spontan zusagten, die rechtlich erforderliche Trägerschaft für das Projekt zu übernehmen, und uns in allen Finanzfragen hilfreich zur Seite standen.

Herrn Professor Hermann Kokenge gehört das Verdienst, sich im Jahre 2007 als Rektor der TU Dresden mit Herausforderungen auseinanderzusetzen, die ihm damals noch fremd waren: die Aufarbeitung des politischen Unrechts, begangen an Studenten, Mitarbeitern und Dozenten der TH bzw. TU Dresden in der DDR. Aus Tagungen 2009 und 2011 heraus entwickelte sich dann der Projektgedanke. Auch noch als Altrektor der TU Dresden war Professor Kokenge bis zu seinem Tode im Dezember 2014 an unserem gemeinsamen Vorhaben engagiert.

Wir danken Dr. Matthias Rößler, dem Präsidenten des Sächsischen Landtags (2019-2024), und Lutz Rathenow, dem Sächsischen Landesbeauftragten für die Stasi-Unterlagen (2011-2021), für ihre jahrelange Unterstützung.

Durch das Engagement vieler Helferinnen und Helfer, die Autoren gewannen, recherchierten und Unterlagen bereitstellten oder als Diskussionspartner zur Verfügung standen, gewann diese Dokumentation an Substanz. Einige von Ihnen seien hier namentlich in alphabetischer Reihenfolge genannt – unabhängig davon, welchen Beitrag wann sie zum Projekt geleistet haben:
Ulrike Beyer, BStU Außenstelle Dresden, Dr.-Ing. Hans-Lutz-Dalpke, Alfeld; Konrad Felber, BStU Außenstelle Dresden; Prof. Eckhard Jesse, TU Chemnitz; Rebecca Hernandez Garcia, Archiv der DDR-Opposition Berlin; Dr. Anke Geier, Wissenschaftliche MA ThLA Erfurt; Dr. Matthias Lienert, Leiter Archiv TU Dresden; Susann Mayer, TU Dresden; Dr. Phil. Wolfgang Mayer, Erfurt; Martina Pontius, Erfurt; Prof. Dr. Kurt Reinschke, Dresden; Petra Söllner, Robert-Havemann-Gesellschaft e. V.; Dr. Jochen Staadt, Forschungsverbund SED-Staat der Freien Universität Berlin; Gabriele Stötzer, Erfurt; Sebastian Victor, Erfurt.

Wir danken auch unseren Gesprächspartnern, die namentlich nicht erwähnt werden wollten und jenen, die sich gegen eine Beteiligung an diesem Projekt entschieden.

Was würde aus einem Buchvorhaben ohne die konstruktive Zusammenarbeit mit einem Verlag? Dem Mitteldeutschen Verlag in Halle sind wir für die Bereitschaft, den Gestaltungswünschen zum Buch verständnisvoll und konstruktiv zu entsprechen, überaus verbunden.

Die Herausgeber, im Frühjahr 2017

Publikationen

Chronik einer angekündigten Flucht

Der Autor spannt den Bogen von abenteuerlichen Reisen im Ostblock über die Indoktrination, der er als Student und Reiseleiter ausgesetzt war, bis hin zu seiner Verhaftung durch das Ministerium für Staatssicherheit (MfS). Mit Einblicken hinter die Gefängnismauern der Stasi-Haft und des berüchtigten Gelben Elends in Bautzen zeigt er auf, mit welchen Mitteln und welchem Aufwand das MfS versuchte, Andersdenkende unter Kontrolle zu bringen. In einer langen, spektakulären und dem Generalstaatsanwalt der DDR angekündigten Flucht durch vier Länder erreicht der Autor schließlich die Bundesrepublik.

Dr. Matthias Rößler, Präsident des Sächsischen Landtags a.D.: „Seine Geschichte ist nicht nur spannend, sie wird auch packend erzählt. Das von ihm geschriebene Buch liest sich wie ein Abenteuerroman, ist aber ebenso ein verlässliches und authentisches Zeugnis über die Unfreiheit der DDR, die Methoden der Stasi und das von ihr verübte Unrecht... Günter Knoblauchs Buch ist ein Glücksfall für die Aufarbeitung der DDR-Geschichte... "

LZ - Leipziger Zeitung: "Die Chronik einer angekündigten Flucht ist eine auf fast 500 Seiten durchweg spannende Publikation, vollkommen außerhalb der bisher bekannten oder verfilmten Fluchtgeschichten... Ein sehr gutes Geschichtsbuch und überdies ein echter Krimi. Das muss in die deutschen Geschichtsarchive! ..."

Forschungsverbund SED-Staat der Freien Universität Berlin: "Die Fluchtgeschichte liest sich wie ein Abenteuerroman und ist doch nichts als reine Wahrheit über die Realität im geteilten Europa des 20. Jahrhunderts... Die Chronik einer angekündigten Flucht erzählt eine Geschichte, die hoffentlich in der politischen Bildung ihren Platz findet."

Günter Knoblauch
Verlag: BoD – Norderstedt,
3. erw. Aufl. 12/2023,
482 Seiten, 80 Abb.

Paperback Preis 15,50 €
ISBN 978-3-7583 1257 1

ePub:
ISBN 9783758397738

Zwischen Humor und Repression – Aufbruch und Illusion
Studieren in der DDR
Band 1
Die neugestaltete und überarbeite Buchausgabe von 2017 in neuer Aufmachung und mit weiteren Beiträgen und Kommentaren zur Zeit.

Freie Universität Berlin - Forschungsverbund SED-Staat
"[...] Die Herausgeber des vorliegenden Bandes waren selbst Studenten der TU Dresden. Es gelang ihnen zahlreiche Kommilitonen als Zeitzeugen zu gewinnen, die den Band mit persönlichen Geschichten über ihre Studienzeit und die dabei gesammelten Erfahrungen zu einem ebenso spannenden wie aufschlussreichen Dokument des "gelebten Lebens" in der DDR machen. Es ist der Sorgfalt, Ausdauer und Mühe von Günter Knoblauch und Rainer Jork zu verdanken, dass diese besondere Universitätsgeschichte aus der Perspektive mehrerer Studentengenerationen überhaupt zustande gekommen ist ....."
(zur Buchausgabe von 2017)

Literaturwelt.Das Blog
Der studierwilligen Jugend sei dieses Buch ans Herz gelegt – und allen die hierzulande Hochschulpolitik machen. Rainer Jork und Günter Knoblauch haben einen enormen Schatz an Erfahrung von Zeitzeugen aus dem Alltag der sozialistischen Diktatur zusammengetragen, der zweierlei offenlegt: Neugier und Freude an selbständiger Arbeit sind mit bevormundenden und doktrinären Bildungssystemen kaum vereinbar – und andererseits lassen sich solche Systeme nur mit lebensfeindlichen, die Freiheit von Wissenschaft und Kunst erstickenden Maßnahmen aufrechterhalten, daran scheitern sie schließlich. Um das zu zeigen, bedarf es keiner Polemik. Die Selbstauskünfte von Forschern, Ingenieuren, Lehrern, Künstlern aus vier Jahrzehnten des "Arbeiter- und Bauern-Staates" beweisen es; sie lesen sich obendrein spannender als jeder Krimi. Fast alle Erzähler wehrten sich einfallsreich – mit Intelligenz, Improvisation, Hilfsbereitschaft, mit bisweilen an den "braven Soldaten Schwejk" erinnerndem Witz – dagegen. ...
(zur Buchausgabe von 2017)

Günter Knoblauch (Hg.)

Verlag: BoD, Norderstedt
1. Auflage 2025
374 Seiten, Abbildungen

ISBN 978-3-769-35207-8

Zwischen Humor und Repression – Anpassung und Widerständigkeit
Studieren in der DDR
Band 2
DRESDENER NEUESTE NACHRICHTEN
Die politisch gesetzten Grenzen und praktischen Spielräume an Universitäten zu DDR-Zeiten versuchen die Herausgeber Rainer Jork und Günter Knoblauch in ihrem neuen Sammelband auszuloten. Darin schildern 84 ehemalige Studenten und Dozenten ihre Erlebnisse an der Technischen Universität Dresden (TUD) und weiteren ostdeutschen Unis vor der Wende. […] die Herausgeber haben die Erinnerungen durch zeitgeschichtliche Anmerkungen, Erläuterungen und einen Anhang über studentische Kultur in der DDR ergänzt. Obgleich Jork und Knoblauch auf eine theoretische Kommentierung verzichten, wird doch deutlich: Es gibt keine einfache Antwort auf die Frage, ob und wie man sich verbiegen musste, um in der DDR zu studieren. Eher gibt es viele Antworten, die vom konkreten Fall, von Ort und Zeit stark abhängen…..[..] Repräsentativ mag die daraus entstandene Anthologie nicht sein, wie DDR-Forscher Prof. Eckhard Jesse schon im Vorwort betont. Auch ist dieser Band kein „Erklärbuch" aus einem theoretischen Guss. Aber als Quellensammlung für weitere Forschungen ist sie von unschätzbarem Wert. „Das Sammelwerk vermeidet beides: Dämonisierung und Verharmlosung der universitären Kaderschmiede", meint Eckhard Jesse. „Grautöne überlagern oft Schwarz-Weiß-Bilder. …" *(zur Buchausgabe von 2017)*

Deutschlandfunk Andruck - Das Magazin für Politische Literatur
Studieren in einer Diktatur - „[…] Die Hochschulen der DDR waren nicht nur Institutionen von Wissenschaft und Lehre. Noch mehr waren sie Orte, an denen stromlinienförmige Sozialisten ausgebildet wurden. Schon die Zulassung zu einem Studium war ein Mittel, um junge Leute zu disziplinieren. Nachzulesen ist das im Sammelband "Zwischen Humor und Repression …"
(zur Buchausgabe von 2017)

Günter Knoblauch (Hg.)

Verlag: BoD, Norderstedt,
1. Auflage 2025
380 Seiten, Abbildungen

ISBN 978-3-769-35225-2

Zwischen Humor und Repression – Kompendium zur Buchreihe
Studieren in der DDR
Band 3
Das *„Kompendium zur Buchreihe"* bietet eine didaktische Sammlung mit Vorschlägen, Materialien und Hinweisen für die Arbeit mit den Bänden *„Aufbruch und Illusion"* (Band 1) und *„Anpassung und Widerständigkeit"* (Band 2). Es wurde speziell für Schülerinnen und Schüler der Sekundarstufe II sowie Studierende konzipiert, die sich mit den Studienbedingungen, Möglichkeiten und Einschränkungen der studentischen Generation in der DDR auseinandersetzen oder sich darüber informieren möchten.

Darüber hinaus lädt das Kompendium alle Leserinnen und Leser sowie Autorinnen und Autoren zur Selbstreflexion ein. Es regt dazu an, die Berichte anderer unter einem persönlichen Blickwinkel zu betrachten: War mein Erleben eine Singularität im Studienprozess? Eine Normalität? Oder waren auch andere mit vergleichbaren Situationen konfrontiert?

Den Leserinnen und Lesern von heute – insbesondere der jungen Generation – soll das Buch Einblicke ermöglichen und helfen, diese Zeit der deutschen Geschichte besser zu verstehen. Eine Geschichte, die nicht in Schwarz-Weiß zu zeichnen ist, sondern die vielschichtigen Nuancen und Facetten des studentischen Lebens in der DDR sichtbar macht.

Günter Knoblauch (Hg.)

Verlag: BoD, Norderstedt,
1. Auflage 2025
170 Seiten

ISBN 978-3-769-35595-6

Studieren in der DDR

bedeutete auch, sich immer wieder den gesellschaftlichen, politisch-ideologischen Zwängen zu stellen. Die Erlebnisberichte von über 70 ehemaligen Studentinnen und Studenten verdeutlichen, wie unter der Diktatur einer Partei mit ihrem Sicherheitsapparat, der Stasi, Lebensläufe wesentlich geprägt, geformt oder gar gebrochen wurden. Zwischen Humor und Verweigerung, Anpassung und Empörung gestalteten sich innere und äußere Fluchtbewegungen.

Stimmen zum Buch
Lutz Rathenow, Landesbeauftragter Aufarbeitung SED-Diktatur a.D., Sachsen
„[...] Das Buch ist gut und spannend, es hängt aber auch zwischen Baum und Borke - im Vergleich zu den Studien für die Universitäten Jena/Halle ist es nicht durchgeschrieben wissenschaftlich, für lebendige Erzählungen (die es an vielen Stellen bietet !!) ist die Verpackung sehr opulent und doch nüchtern. Aber die Quadratur des Kreises geht nicht, das Buch kommt ihr erstaunlich nahe.“

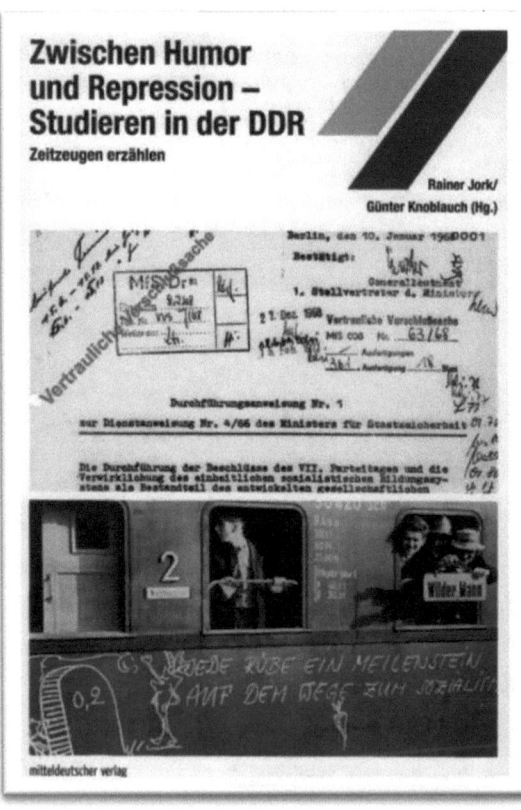

Rezensionen

R. Jork / G. Knoblauch (Hg.)

Mitteldeutscher Verlag, 2017
552 Seiten, s/w-Abb.

ISBN 978-3-95462-879-1
Preis 19,95 €

Die Hochschule für Musik FRANZ LISZT Weimar

Die Vergangenheit holt die HfM ein

Professor Stölzl, Präsident der Hochschule für Musik FRANZ LISZT Weimar: *„[...] es gibt staatlich bezahlte Institute, wie z.B. die Bundesstiftung zur Aufarbeitung der SED-Diktatur, und [...] es gibt viele Forscher, die sich mit der DDR befassen. Mögen sie sich auch mit der HfM befassen. Ich fände es toll."*
Die beiden Autoren haben mit Hilfe von Dokumenten, Interviews, Veröffentlichungen und eines Podiumsgesprächs einen Anfang für eine offene Diskussion der jüngeren Vergangenheit der HfM gemacht.

Prof. Dr.-Ing. Jürgen Wenge *(Mitglied des Leipziger Bürgerkomitees von 1989/90)*
Wer die Zukunft meistern will, muss die Vergangenheit analysieren. Und wer die Aufarbeitung vergangener Jahrzehnte verweigert oder kaschierend realisiert, der wird auch die Probleme der Gegenwart nur noch vergrößern. ... Die Logik ihrer Beweisführungen einerseits und die Ignoranz dieser Beweise andererseits sind beeindruckend und zugleich erschreckend. Wegen der Trivialität der dargestellten Defekte können „unwissentliche Konstruktionen" ausgeschlossen werden. Beim wissentlichen Ignorieren von: wenn keine Stasi-Aufarbeitung, dann keine abgeschlossene Opfer-Rehabilitation und wenn Stasi-Einfluss unberücksichtigt, dann keine wahre Zeitgeschichte, dann führt das sofort zu der Frage: Wer soll damit beschützt und vor Schaden bewahrt werden?
Diese Publikation soll dazu beitragen, dass es zu keiner Geschichtsklitterung kommt.
Ehrhart Neubert, (1998-2003 Vorstand der Bundesstiftung zur Aufarbeitung der SED-Diktatur): *„Die Autoren putzen an Weimar und der Reputation seiner kulturellen Institutionen. Und Weimar, jedenfalls das Bild von Weimar als historischer und hervorragender Platz deutscher und europäischer Kultur, hat das auch nötig ..."*

Rezensionen zum Buch

G. Knoblauch / R. Mey
Mitteldeutscher Verlag, 2018,
124 Seiten

ISBN 978-3-95462-952-7
Preis 10,00 €

epub:
ISBN 978-3-96311-7
Kostenlos

Die Hochschule für Musik FRANZ LISZT Weimar

Ein Buch gegen das absichtliche Vergessen

„[...] es gibt staatlich bezahlte Institute, wie z.B. die Bundesstiftung zur Aufarbeitung der SED-Diktatur und [...] es gibt viele Forscher, die sich mit der DDR befassen. Mögen sie sich auch mit der HfM befassen. Ich fände es toll.“ (der Präsident der Hochschule für Musik FRANZ LISZT Weimar)

„[...] Nachdem die HfM die kulturellen Leistungen der Vergangenheit für sich in Anspruch nimmt, die Verantwortung für die politischen Verformungen zu DDR-Zeiten aber von sich weist, haben sowohl Außenstehende als auch Betroffene sich in einer Vielzahl von Veröffentlichungen und Rundfunksendungen dieser Aufgabe angenommen. "Der Schrei" schreibt mit neuen Recherchen, Erkenntnissen und Veröffentlichungen die Publikation „Defekte einer Hochschulchronik - Die Hochschule für Musik FRANZ LISZT Weimar“ aus den Jahre 2018 fort.“(Forschungsverbund SED-Staat der Freien Universität Berlin)

„Wer die Zukunft meistern will, muss die Vergangenheit analysieren. Und wer die Aufarbeitung vergangener Jahrzehnte verweigert oder kaschierend realisiert, der wird auch die Probleme der Gegenwart nur noch vergrößern...“ – Prof. Dr. Jürgen Wenge, Thüringer Landeszeitung

Der Herausgeber hat, zusammen mit weiteren Autoren, erneut die DDR-Vergangenheit an der *Hochschule für Musik FRANZ LISZT Weimar* in den Blick genommen und stellt die Frage: Warum werden diejenigen angefeindet, die Licht ins *Dunkel der HfM-Vergangenheit* bringen wollen? Diejenigen, die eine eigentlich von der HfM zu leistende Arbeit übernahmen und Vorgängen und Vorwürfen des Verdachts auf Kollaboration mit der Stasi, der Manipulation von Studienergebnissen, der Verfälschung der Hochschulchronik, … nachgingen?

Mit neuen Recherchen, Erkenntnissen und Veröffentlichungen setzt „Der Schrei“ die Publikation „Defekte einer Hochschulchronik“ aus dem Jahr 2018 fort.

Günter Knoblauch (Hg.)

Verlag **BoD** – Norderstedt
Auflage 8/2023, 184 Seiten

Paperback
ISBN 978-3-757-81708-4
Preis 10,80 €

e-Book
ISBN 978-3-756-85410-3

Eine unbeantwortete Frage

Bei meinem ersten Oberschulklassentreffen nach 1989 stellte einer meiner Mitschüler eine Frage, die ihn seit Jahren nicht losließ: Wer hatte diese eine negative Beurteilung über ihn geschrieben, die er in seinen Stasiakten fand? Die, die ihm trotz seines guten Abiturs den Zugang zur Hochschule verwehrte?

Doch niemand antwortete.

War schon damals ein IM unter uns in der Klasse?
Oder war es einer der Lehrer?
Vielleicht gerade Herr M., der doch immer so freundlich gewesen war?
Oder doch die Geschichtslehrerin mit dem Parteiabzeichen an der Bluse?

Er hat es nie erfahren.

Vielleicht wäre er ein guter Ingenieur geworden.
Vielleicht hätte er eine Professur erhalten und junge wissbegierige Studierende unterrichtet?

Vielleicht wäre er ein Wissenschaftler geworden, dessen Name über die Grenzen der DDR hinaus bekannt gewesen wäre.

Wir werden es nie wissen.

Ging die DDR daran zu Grunde?
Vielleicht auch daran.

Uta Knoblauch

Im Buch:
„Eigentlich verlief mein Studium ganz normal ab" – 2/57
„Die Kaderakte – Folgen eines Kirchbesuches" 2/33

*****